传媒"六艺"
大学精神与教育实践

主 编 杨 华
副主编 王德祥 石培龙 李 丽

中国社会科学出版社

图书在版编目（CIP）数据

传媒"六艺"：大学精神与教育实践／杨华主编 . —北京：中国社会科学出版社，2017.4

ISBN 978 - 7 - 5161 - 9077 - 7

Ⅰ . ①传… Ⅱ . ①杨… Ⅲ . ①传播媒介—教学研究—师范大学—文集 Ⅳ . ①G206.2 - 53

中国版本图书馆 CIP 数据核字（2016）第 241649 号

出 版 人	赵剑英
选题策划	罗 莉
责任编辑	刘 艳
责任校对	陈 晨
责任印制	戴 宽

出　　版	中国社会科学出版社
社　　址	北京鼓楼西大街甲 158 号
邮　　编	100720
网　　址	http://www.csspw.cn
发 行 部	010 - 84083685
门 市 部	010 - 84029450
经　　销	新华书店及其他书店

印刷装订	北京君升印刷有限公司
版　　次	2017 年 4 月第 1 版
印　　次	2017 年 4 月第 1 次印刷

开　　本	880 × 1230　1/32
印　　张	7
插　　页	2
字　　数	178 千字
定　　价	48.00 元

凡购买中国社会科学出版社图书，如有质量问题请与本社营销中心联系调换
电话：010 - 84083683

目　录

代序　大学精神之辩 ………………………………………… （1）

践行"六艺"铸品牌　扬帆逐梦创新高 ……………………… （1）

继承华夏文明传统　以"传媒六艺"培育新人 ……………… （22）

从白岩松的"新闻私塾"说起 ………………………………… （30）

从大学生视频作品创作分析大学影视教育的缺失 ………… （36）

播音主持艺术专业教学之拙见 ……………………………… （48）

高校影视动画专业动漫人才培养现状及其变革视角 ……… （54）

动态视觉数字影像艺术的跨学科发展 ……………………… （68）

浅谈播音主持专业课程改革 ………………………………… （77）

新媒体语境下新闻写作教学的一点思考 …………………… （86）

融媒背景下《新闻评论》课程教学改革探索 ……………… （91）

新闻史网络学习资源的多重考量 …………………………… （99）

谈设计素描教学中三个方面的关系 ………………………… （110）

移动互联网媒体的动画设计引导 …………………………… （116）

艺术类专业本科学生文学与文化课程体系探究 …………… （125）

网络课程开发与应用的基本对策研究 ……………………… （130）

纪实节目"真实再现"的理性分析 ………………………… （151）

以《楚门的世界》为例审视电影中的真人秀元素 ………… （159）

纪录片《河西走廊》的配乐分析 …………………………（168）

《晚钟》的形式语言分析 …………………………………（179）

饕餮"声"宴 ………………………………………………（188）

"传媒六艺"大学生专业技能综合提升工程 ……………（193）

"传媒六艺·三百计划"实施方案 ………………………（206）

后记 ………………………………………………………（210）

代序 大学精神之辩

徐兆寿

近来，在网上尤其是微信上传播的关于探讨大学精神的文章甚多，如一个叫《现代大学周刊》的微信平台在过年前后推送了一系列的文章，将自蔡元培以来近百年著名学者探讨大学精神的文章，以几乎每天一篇的方式向群体推送，有胡适、梅贻琦、朱清时、陈平原、李培根、刘道玉、钱理群、谢泳、沈卫威等几十位的文章，甚至光绪皇帝和德国哲学家雅斯贝尔斯对大学精神的探讨也被推送出来。同时，以《校长》杂志社推出的微信平台《校长传媒》也先后推送了几十篇引人思考的文章，其中很多文章是对当今教育的批评和质疑。在一篇题为《救救清华大学的这些孩子吧》的文章中称，清华大学的学生是"精英似的我慢轻狂，往往混合着更多瓦解的道德观。到处都是无神、无政府、无信仰的无头苍蝇"①。复旦大学校长杨玉良说："中国大学存在精神虚脱的现象，致使才子

---

① 程曦：《救救清华大学的这些孩子吧》，http://blog.renren.com/share/2526016 26/1730759211。

流氓贻害社会。"① 众多的文章都对今日大学的精神提出质疑和批判。《新周刊》发表的《可怕的大学》一文断言"大学从残酷社会中的象牙塔，堕落成了生产不合格产品的坏公司"②。老实说，这些言论都有些"老生常谈"，但被微信平台精心打包——推送之后，它们就显示出了巨大的力量。一时之间，在微信群体中，有关大学精神的探讨和对今天大学现状的批判成为知识分子群体的热门话题，由此而引发中国学者对大学精神的深思。

事实上，这些问题都不是新问题。这些言论的传播带给笔者两个方面的深思：一是中国大学到底往哪里走、怎么走，其制度如何革新，大学的自主精神和学术上的自由精神当如何确立。二是中国的传统精神当如何看待、继承并光大。关于第一个问题谈的人很多，也是学者们私下里言论的焦点；第二个问题则少有人论及，而这恰恰是笔者最为锥心的地方。

中国的大学最初借鉴于西方，但并不代表中国的传统文化中没有大学的成分，没有现代人所需要的精神。西方大学虽然比中国传统的私学、官学多了科学的成分，但其哲学社会学科探讨的仍然是关于人与社会的一切，并非凭空创造了一种与人类以往完全决裂的学说。何况这些西来的学说今天已经与中国文化融合在一起，那么，我们也应该去探讨：中国传统文化中有哪些精神是值得我们去继承的，中国传统的知识分子有没有独立、自由的精神？他们是如何完成知识的传播、价值的实现

---

① 周凯：《复旦校长：中国大学精神虚脱》，《中国青年报》2010 年 6 月 2日。

② 陈漠：《可怕的大学》，《新周刊》2010 年第 9 期。

以及精神的自由的？更进一步，中国的文化精神是什么？中国文化如何完成现代转型，又较好地保持了中国文化独有精神的因子？也就是说，我们如何在与西方文化的冲突中寻找到一条新的世界之路？

　　众所周知，儒家的经典《大学》中有关于大学的最早解释："大学之道，在明明德，在亲民，在止于至善。知止而后有定，定而后能静，静而后能安，安而后能虑，虑而后能得。物有本末，事有终始。知所先后，则近道矣。"①　我们一般引用，只引用前一句，只有一个初步的理念，而后几句往往被人遗忘。事实上，后面几句才告诉了我们方法、路径、理想。在儒家看来，大学的目的在于求道。这与西方大学最早的目的——学习神学——是一致的。这是神学时代中国与西方学术的共同理想和特征。道是什么？我们很难解释，但有一点是明白的，那就是在求道的过程中，我们完成了道德的完善，最后达到独立与自由之境。如此才完成大学的学习。

　　大学之学，使一个人最终成为君子。这就是人才的培养规格，是精神人才。在君子之上，还有更高一层的人，即贤者、圣人。何谓圣人？依道而存，超越国家、时代、政治、团体之上的知识分子。西方存在主义哲学家雅斯贝尔斯称其为"世界公民"，法国哲学家班达称其为"知识分子"，笔者称其为有天下观的"天下人"。圣人可以贫穷，可以流亡，可以被时代及君王抛弃、嘲笑、诬蔑，但不可以与道分离。这就是真正的大学学者，独立自由的存在体。君子是大学所要培养的合格人才，而圣人则是君子们追求的境界，是君子们的师者。君子

_____

　　①　《大学》。

是道的维护者，圣人是道的表现者。这是中国古代大学的一些特点。它培养了无数的精英。那些有君子之德的精英再构筑整个社会的精神气象，一个古代礼仪之邦就此在东方自信地崛起。

但是，今天呢？从西方"拿来"的大学之体被我们如何利用了？中国传播的思维以及智慧被传承下来了吗？这些都是问题。事实上，学者们耿耿于怀的是西方大学的自由精神并没有在我们的大学里扎根，我们"拿来"的可能只是皮毛，而相反，中国传统的东方思维也被抑制。西方的自由意识代替了中国的道。西方重视物质的精神覆盖了我们轻物质、重道德的精神。于是，我们以逻辑和知识、技能的培养来为今天的大学生颁发证书。我们仍然以"学而优则仕"的方式为大学生提供就业岗位，但古之优在于诗文道德之优，乃精神之优，今之优在于知识储备之优、技术之优，缺失了精神向度。今天之大学不再培养精英，而在于就业培训。所以，社会之栋梁（君子）缺失，道德家园无人维护，道之精神难以维系。所以，社会道德败坏，时代精神涣散，家庭伦理失调，个体信仰缺失。所以，腐败在人性之根，流氓于人性之初，人不能立。所以，那些批评今日中国大学弊病的言论之所指，皆为存在，难以回避，但也非西方大学对照下才可以显现出的弊端，而是以古之中国大学精神衡量亦可得出的结果，殊途同归。但为什么总是以西方为准绳，而不以中国为尺度？盖因中国传统文化精神缺失后中国学者缺乏文化自信也。

一千多年前，有一位叫张载的中国哲学家对中国学人提出了一个治学理想："为天地立心，为生民立命，为往圣继绝学，为万世开太平。"他年轻的时候去投靠范仲淹，为国家出力抗敌，范仲淹劝他说："儒家自有名教，何事于兵。"他便回家刻苦研读儒家经典以及释、道之书，十多年之后终于悟出了儒、释、道互补的道理，创建了自己的学说体系。他成了一代大师。这也许能回答钱学森之问。从"五四"归来的一批学子大肆批判中国的传统文化，这自然是可以批判的，但中国也应该有一批学者为传统绝学而赴命。这也许是蔡元培时两种学说并存的原因所在，而蔡元培之所以能有兼容并包的治学思想，不也因为其是中国传统文化和合思想的继承者吗？中国还应该有第三批学者：类似于张载，能够将中西文化精神集于大成，而自创一派的学者。他们将是新的"世界公民"和"天下人"、"知识分子"。

因此，结合今日世界之大势，我们是否可将张载之名言修改为"为天地立言，为天下立行，传绝学于后世"，作为今天中国知识分子及大学精神之总结呢？

抗战时，北平师范大学西迁兰州（国立西北师范学院，今西北师大前身）办学时，时任校长的李蒸并未因学校偏居西北而忘学术之志，他在为一份学校自办的学术刊物写发刊词时强调，大学之学者当以探究宇宙高深之学问为己任。何其宏大的志向！科学研究当以研究宇宙之发生、变化之规律作为第一任务，这也就是牛顿、爱因斯坦的任务，也是中国古代《易经》所阐发的真理。只有深究这些常识性的问题，科学界才会出现大师。孟子曰，天地有浩然正气。又曰，吾善养浩然正气。那么，天地之道为何物？天地间之正气从何而来？人性之善恶如何分辨？世间之正邪如何处置？等等，这些都是哲学社会学科的学人们所应首先关心的要务，在此基础上，去建构其他学科。也只有关心这些根本性的形而上学的问题，哲学社会学科才会出现大家，否则，就只能是一些专家、智识人士。而今天这样的学者都太少，大家都在为项目而科研，太实用了。那些牛顿、爱因斯坦所关心的"无用"之学已少人问津。而哲学社会学科则缺少了"道"的阐释者，更缺乏中西学术集大成者。古之文人既要十年寒窗背诵经典，释古今之变，所以礼乐通焉，又要学会《易经》经天纬地之大学问。会中医之法，通道佛之理，晓人性之变，这样的文人才被称为知识分子。中国古代儒家知识分子可以没有宗教，道就是他们的信仰。所以，古之学人并非"五四"以来西学归来的学者们所批判的全都是犬儒，他们的信仰并非皇帝，而是道。这就是孔子在当时受到各种诬蔑而不悔、敢冒天下之大不韪而为的原因，是老庄蔑视礼法之缘故，是墨翟创立"兼爱"、"非攻"学说的根基。他们所持的并非圣旨，乃道。他们勇于批判时政，敢于坚持真理，皆因道之护持。道之所往，乃他们所行；道之所弃，更是他们所恶。这是学术之道。

有道，才可以去教人。反过来说，师者，传道者也。这就是大学里学者作为教师的行动。正是因为这样的行动，他们才被称为老师，称为道的传播者，称为人类灵魂的工程师。得道，才可有德。道之不存，德将焉附。这就从根本上解释了大学教师的天职。他们是立德立行者。古人云，言传身教。古代中国有一个传统，各种学说都有师承。作为师者，除了教习身负的绝技之外，还要以身作则。这种师道也被延续到家庭教育中，于是，家长的言传身教也便成了一个传统。这就是家教传统。家教往往是礼的化身。这是中国古代教育的遗产，也是绝学，我们没有继承下来。所以说，今天大学教育的弊病之一，便是教师的世俗化和道德失范。究其原因，仍然是前面所讲的第一个原因，道的缺失。道乃信仰，由于道之信仰不存，所以德便失范。这既是整个社会的问题，同时也是作为大学教师的学者的问题。孔子逢乱世，尚不失德，立行于世，对于生于太平之世的我们，又有何理由去责备古人与社会而丧失自身的修养呢？今天我们几乎把所有原因都归于历史和体制，对个体的修养之道和世俗化而不察，失道也。此乃教学之道。

最后才是给学生传习技能。对于古人来讲，技乃末端。比如，传媒的各种手段（微信、微博、报纸、书籍、广播、电视、手机、网络等）不过技耳。无道之技，只能乱世，有道之技，才能造福。爱因斯坦之所以为人所敬仰，不单单是因为其发现了相对论，更是因为他在一些大是大非面前有道存焉。他对发明原子核能之所以担忧，就是因为他热爱和平之道，是因为心中有大爱。所以，中国古人授技，与道同行。也因此，我们在对于传媒学院学生技能的培养方面继承古之传统，将礼、乐放在首位，而将其他四艺修改为现代传媒四艺，这便是"传媒六艺"的来因。以此类推，其他各种技能的传授亦如此。此乃学习之道。

现代之时，学者王国维、陈寅恪都曾慨叹中国之古代学说将绝矣，王国维还不惜以身殉道。那个时候，中国要寻求变革之路，文化上的变革自然是历史之必然。笔者认为虽有些革命过了头，但也是我们必须付出的代价。但时至今日，在国力强盛之时，我们又当怎样来看待中国传统之学呢？旅居国外的学者李泽厚、刘再复、高尔泰等看到中国往圣之学说将被世界遗忘之时，都曾大声疾呼要将中国之绝学传下来，发扬中国古代文化之精要，以此贡献人类。这似乎已经成为今天举国之共识。

故而，笔者以为，今日之中国大学精神，当以面对中国当下之困境而生发。今日之大学精神也不必非要照搬西方之大学。今日之大学学者，当以继承中国乃至人类往圣之绝学为己任，为天地立言，为天下人立行。此乃中国大学百年后又一变也。也许，中国大学之精神由此生发矣。

践行"六艺"铸品牌
扬帆逐梦创新高

——传媒学院（新闻学院）实施"传媒六艺"
专业技能综合提升工程综述

王德祥

西北师范大学传媒学院（新闻学院）是学校为适应社会经济发展和人才培养需要而组建设立的学院，也是西北师范大学最具活力、最具发展潜力的学院之一。2012 年 5 月，传媒学院（新闻学院）成立。2014 年 4 月，新闻学院成立，与传媒学院实行"两块牌子，一套班子"的管理体制。同时，中共甘肃省委宣传部与西北师范大学共建新闻学院。学院以"传媒六艺"（礼、乐、摄、制、书、说）为大学生专业技能综合素质提升的切入点，致力于培养具有较高的文化创意素质、编导设计能力、新闻采编水平和传播沟通技巧，能够在政府机构、新闻媒体、文化产业和社会组织从事相关工作的高级专门人才。

在高等教育长足发展的今天，面对日益激烈的人才竞争，大学生就业遇到了前所未有的挑战。面对市场和竞争，传媒学子要在激烈的人才市场中脱颖而出，就必须从以往的片面注重专业知识的学习，转到同时注重对自身综合素质的塑造上来，培养正确的思想意识、良好的道德品质、畅达的语言表达、优雅的形象气质、良好的艺术修养，以及一定的工作经验和相应的写作能力。正是从以上培养目标出发，传媒学院（新闻学院）自成立始，便制定了《西北师范大学"传媒六艺"专业技能综合提升工程》。

《西北师范大学"传媒六艺"专业技能综合提升工程》旨在通过整合优化教学主渠道外有助于学生提高综合素质的各种活动和项目，注重课内外相结合，第一课堂与第二课堂相结合，学习与实践相结合，在思想政治与道德修养、社会实践与志愿服务、科技学术与创新创业、文体艺术与身心发展、技能培训与社团工作等方面引导和帮助广大学生完善智能结构，努力营造全员育人、全方位育人、全过程育人的和谐氛围，培养出适应社会需要、符合时代要求的高素质创造性人才。

一 "传媒六艺"：推古及今执守"六艺"之道

中国古代儒家要求学生掌握六种基本才能：礼、乐、射、御、书、数。所谓通五经贯六艺，是以一身而兼备文武才略之意。"五经"指《诗》《书》《礼》《易》《春秋》五部经书。"六艺"指礼、乐、射、御、书、数六种学问和技能。其中：礼艺是关于达情能力的学问；射艺是关于知识能力的学问；御艺是关于主事能力的学问；书艺是关于记述能力的学问；数艺是关于数算能力的学问。

由此出发，制定了传媒学院（新闻学院）学子所应具备的礼、乐、摄、制、书、说六种技艺和能力。礼：礼节。不学"礼"无以立，传媒学院（新闻学院）本科生必须具备良好的礼仪规范。乐：音乐、舞蹈等。传媒学院（新闻学院）本科生应是多才多艺、生气勃勃的。摄：摄影、摄像。影像文化时代，传媒学院（新闻学院）本科生都应具备较高的摄影水平、摄像能力才能适应时代要求。制：制作。传媒学院（新闻学院）本科生应具有媒介产品的专业策划制作能力。书：书写表达。良好的文字表达能力是传媒学院（新闻学院）本科生必备的能力。说：口头表达。除了擅长书写表达，传媒学院（新闻学院）本科生还应具备良好的口头表达能力。

二　传承文化：精品文化活动异彩纷呈

学院通过一系列丰富多彩的培训活动和项目，展开"传媒六艺"提升行动。

（一）"传媒六艺"之一：礼　加强道德修养，养成文明行为

通过一系列学礼知礼、主题调研、文明倡议、文明领航活动的举办，旨在使学生加强道德修养，养成文明行为，具有健康高雅的审美情趣和止确的审美观点，努力培养辨别真、善、美与假、恶、丑的能力，自觉创造美的生活。

活动一：学礼知礼。活动过程中，学院邀请专家举行主题报告会及礼仪培训班，举行"我读经典"主题演讲比赛，策划并组织了"感恩父母，自立自强"签名写信活动。同时，征集有关大学生道德修养的优秀文章，并评奖，优秀稿件向校院刊物推荐。

活动二：主题调研。活动过程中，针对大学生中存在的常见不道德行为，以问卷调查的形式，对大学生中的不道德行为

进行调查，发动同学们为建设文明校园提出宝贵意见。

活动三：文明倡议。活动过程中，在文明交往、诚信考试、环境保护、垃圾分类、学术作弊、爱护公物、节约水电、低碳经济、宿舍文明等方面发起倡议，用便签、广告标语、宣传栏向全校同学发出倡议，倡导他们为文明校园建设做出积极努力。

活动四：文明领航。活动过程中，通过倡导马路上靠右行走、校园文明驾车、自觉排队打饭、自觉回收餐具、上课关闭手机、自觉维护学习环境等活动，从细节出发，纠正当代大学生在日常生活中所忽视的细微生活现象，并以志愿者的身份现场引导，纠正不良行为。

（二）"传媒六艺"之二：乐 陶冶高尚情操，提高艺术素养

通过音乐欣赏、歌手大赛、歌舞晚会、配乐朗诵、社团培育等活动的开展，旨在使学生陶冶高尚情操，提高艺术素养，感受音乐、理解音乐、表现音乐。掌握基本理论、知识、能力和素养，拓展传媒学院（新闻学院）学生多方面的才艺。

活动一：音乐欣赏。活动过程中，学院聘请音乐方面的名人、名家开设讲座、举办演出，通过讲解、演奏和现场互动，让学生在轻松愉快的环境中了解音乐、拓展视野，提高了欣赏能力。通过广播等形式对不同风格的音乐进行播放，并进行详细介绍，让学生可以深入了解作品，了解音乐风格。

活动二：歌手大赛。活动过程中，以音乐畅享，唱响音乐为主题，举办了校园歌手大赛，涌现出一大批传媒新秀。通过歌手大赛的举办，让学生在表现自己的过程中进一步发现自身的潜力，使学生的兴趣爱好向专业化方向发展。

活动三：歌舞晚会。活动过程中，结合传统节庆，采取歌舞、器乐、小品、模特表演等形式，举办了歌舞晚会。

活动四：配乐朗诵。活动过程中，以朗诵经典诗词、校友诗词、师生诗词的方式，展现了传媒学子在音乐表演方面的努力和探索。

活动五：社团培育。活动内容：组织有艺术特长的学生成立各类社团，委派有经验的指导教师，排演经典的中外优秀作品，带动更多的学生参与其中。

（三）"传媒六艺"之三：摄　捕捉精彩瞬间，再现生活百态

通过实验实践，对传媒学子进行了摄影、摄像方面的技能培训，学会并熟练运用摄制器材以及构图、画面、光线、景深、影调、色彩等表现手段，提高了传媒学院（新闻学院）学生在影像文化时代的创新发展能力。

活动一：青春校园摄影展。在校园内抓拍每一个鲜活、感人、幽默、富有青春朝气的瞬间。活动培养了学生深入观察生活，发现生活中美好事物的兴趣，同时提高了学生在摄影方面的能力，通过老师的鼓励和支持，引导传媒学子走向摄影制作的专业化道路。

活动二：如意兰州摄制行。地理版图似如意的兰州，有着许多值得记忆和留存的画面，比如"黄河母亲"、中山桥、水车园等名胜古迹，名扬世界的兰州牛肉拉面，形形色色的市井生活等，活动中传媒学子用摄影摄像机拍摄它们并展出。活动培养了学生深入观察生活，发现生活中美好事物的兴趣，同时提高了学生在摄影方面的能力，通过老师的鼓励和支持，引导

传媒学子走向摄影制作的专业化道路。

（四）"传媒六艺"之四：制　完美创意剪辑，追求技艺合璧

通过大学生电影节、广播剧大赛、动画广告设计大赛等活动的举办，充分利用实际拍摄所得的素材，进行片子的后期制作、电视台编导工作、影视后期制作、电视剧剪辑制作、电影及短剧剪辑制作、晚会及新闻类节目剪辑制作等工作，形成完整的影片，并且为影片制作声音，旨在追求技术与艺术完美结合，创意与剪辑相得益彰。

活动一：大学生电影节。通过微电影放映周、电影节影评征文、优秀影片巡映、大学生爱电影公益行等活动的举办，培养学生的影视欣赏和制作能力。

活动二：广播剧大赛。学生自己完成短小精悍的稿本创作，在专业演播室内完成录制工作展播。提高学生对广播剧作品制作流程的认识，激发兴趣，培养其实践能力。

活动三：动画广告设计大赛。学生自愿以小组为单位，利用自己的专业特长，将生活中有趣、有所感、有所悟的点滴制作成动画短片。提高学生的动手实践能力，培养其对动画及广告设计的兴趣。

（五）"传媒六艺"之五：书　涤荡心灵世界，升华语言艺术

通过文艺创作70篇、"核桃树下"文艺创作大赛、好新闻、公文写作大赛等活动，提高学生的文字表达能力，特别是发现创作新人，扶掖年轻作家，促进精品创作。旨在涤荡心灵

世界，升华语言艺术。

活动一：文艺创作100篇。学院要求每个学生每学期创作文学、剧本、新闻、动画、影视（文学）评论等作品15篇，利用网络平台进行交流，在写作过程中，学生能够按照相关要求完成书写，同时这一活动培养了学生的写作兴趣，让学生通过文字去发现生活中的感动和美好，提高其艺术修养，这使学生在影视制作等各方面的能力也有所提高。

活动二："核桃树下"文艺创作大赛。学院成立了"核桃树下"文学社，创办《核桃树下》文学刊物，组织文艺创作大赛，目前，学院有《核桃树下》《广角镜》两期文学刊物，在向省内外名家约稿的同时，刊登了大量学生及老师佳作，广受好评。

活动三：好新闻。通过组织好新闻征集评选活动，提高新闻专业学生对现实的把握力度，培养其敏锐的感知能力和对事件的认知能力，极大地提高了学生的新闻写作修养。

活动四：公文写作大赛。通过组织开展公文写作评选活动，使学生更好地把握了公文写作的格式和流程，培养了学生的写作能力，提高了学生的公文写作修养。

（六）"传媒六艺"之六：说　吟诵毓苑铎声，唱念随声所欲

通过"校园魅力金话筒"专业组主持人大赛（随声所欲非专业组主持人大赛）、"毓苑铎声"经典诗词朗诵会、传媒学子舞台行等活动，开展丰富多彩、形式多样的"说话"训练，让学生不仅能操一口标准流利的普通话、表达清楚形象，而且能提高理解能力、反应能力、应变能力、协调能力、驾驭

能力。

活动一："校园魅力金话筒"专业组主持人大赛（随声所欲非专业组主持人大赛）活动过程中，积极组织和参加校内外专业组与非专业组主持人大赛，邀请专业主持及播音方面的老师进行点评指导，在培养兴趣的同时，提高了学生的专业素养。

活动二："毓苑铎声"经典诗词朗诵会。活动过程中，通过举办经典诗词朗诵会，使学生对中华经典诗词有了进一步的认识和了解，培养了学生的朗诵与表达能力，在培养兴趣的同时，提高了学生的专业素养。

活动三：传媒学子舞台行。在学习之余，学院积极鼓励并支持传媒学院（新闻学院）学生义务为校内外各种演出、比赛及晚会活动提供主持，使学生的综合能力得到了进一步的锻炼与提高。

活动四：专题晚会。学院积极组织举办语言类专题节目晚会，如脱口秀、模仿秀、相声、小品等。这些活动提高了学生的语言表达能力与舞台表现能力。

以"传媒六艺"为核心，以丰富多彩、积极向上的品牌文化活动和主题教育活动为载体，学生在日常学习生活中接受先进文化的熏陶和文明风尚的感染，践行了传媒学院（新闻学院）"执守道义 传承文化"的学院精神，提高了学院的发展层次，营造了文明、和谐的文化氛围。

三 品牌活动：践行"六艺"精神，彰显传媒风采

自学院成立以来，在学院所组织的众多异彩纷呈的活动

中，形成了传媒学院（新闻学院）独具风格、引人注目的品牌活动，这些活动在带动学生学习兴趣，促进学生精神成长方面起到了不可忽视的作用。

（一）文化名人进校园

学院充分利用传媒业界资源，邀请知名业界人士如著名记者、电视策划人、作家等开展"文化名人校园行"活动，通过举办讲座、报告等形式扩大传媒学院（新闻学院）本科生的专业视野，提升他们的专业能力与素质。

"文化名人进校园"系列文化交流和学术活动自2013年4月20日启动以来，已经先后邀请著名文化学者、批评家、作家、同济大学博士生导师朱大可教授，著名文学评论家、上海《文学报》资深版面主编朱小如，甘肃省著名电视艺术理论家刘炘等来校开展学术交流活动。先后有著名学者、书法家欧阳中石先生，著名评论家、鲁迅文学奖获得者、中国小说学会会长雷达，著名作家贾平凹，著名作家、编剧刘震云，中央新影集团副总裁、总编辑郭本敏，《人民文学》杂志主编施战军，著名演员陈逸恒，中国作家协会书记处书记、著名作家、文学评论家李敬泽先生，中央电视台中国电视剧制作中心有限责任公司副总裁、国家一级编剧李汀，著名文化学者、批评家、作家、同济大学博士生导师朱大可教授，央视著名主持人李修平、水均益等文化名人先后受聘为西北师范大学兼职教授。

"文化名人进校园"活动得到了学校的大力支持，同时也取得了较大影响。

（二）"校园魅力金话筒"专业组主持人大赛（随声所欲非专业组主持人大赛）

为鼓励学生拼搏进取，进一步提升个人专业技能和艺术水平，同时为同学们创造更多、更广、更好的实践平台，传媒学院（新闻学院）积极策划组织校园"校园魅力金话筒"专业组主持人大赛（随声所欲非专业组主持人大赛）。

大赛以"魅力金话筒，魅力新主播"为主题，结合"传媒六艺"（礼、乐、摄、制、书、说），重点考核选手"采、编、播"的综合能力。专业组主持人大赛，分初赛、复赛、决赛三场进行角逐，专业组比赛通过我秀我风华、实力对对碰、有我在现场三个环节，考查选手的个人才艺、文学素养及专业技能。非专业组比赛分为"一切，从心开始"（自备稿件）、"现场报道"、"扬长避短"（才艺展示）三个环节。在前两个环节的比赛中，十位参赛选手突出自身播音优势，在"采、编、播"方面体现出较强的综合能力。才艺展示环节，各选手尽显个人独特风格。

在比赛中，邀请甘肃旅游形象大使、国家一级播音员、甘肃卫视《天气预报》主播季冬玲，原甘肃电视台节目主持人、主任播音员，传媒学院（新闻学院）播音与主持艺术系主任、副教授李丽，传媒学院（新闻学院）播音与主持艺术专业老师李欣阳担任大赛的评委，并对选手的表现进行了点评和指导，使参赛选手对个人的发展方向有了进一步的认识。传媒学院（新闻学院）"校园魅力金话筒"专业组主持人大赛画上了圆满句号。

（三）"毓苑铎声"经典诗词朗诵会

为弘扬中国传统文化精神，提高学生文化修养，增强传媒学子综合素养，传媒学院（新闻学院）以经典诗词朗诵为平台，展现出传媒学子崭新的精神面貌。

2013 年 9 月 20 日晚，传媒学院（新闻学院）首届"毓苑铎声"经典诗词朗诵会在大学生活动中心拉开序幕。朗诵会由西北师大传媒学院（新闻学院）主办，中共甘肃省委宣传部文艺处、西北师大文学院、共青团西北师大委员会、甘肃省文学院、湖北汉之韵文化创意有限公司等单位协办。甘肃省委宣传部文艺处副处长方忠义，著名诗人、甘肃省文学院常务副院长高凯，著名诗人、评论家、西北师大原文史学院院长、教授彭金山等专家学者出席会议并朗诵。

微博墙上，滚动着国内著名诗人、作家、评论家以及学子们对高凯的诗歌、对"毓苑铎声"经典诗词朗诵会，以及对传媒学院（新闻学院）、对老师同学的爱与祝福。专家学者和学院师生同台献艺，激情朗诵个人作品，正所谓"群星璀璨话传媒，毓苑铎声颂文魁。师长学子同台竞，人脉神韵耀舞台"。最后，主持人与全体演员合诵校歌《我们的校园在黄河岸边》，重温那种博大与沧桑。传媒学院（新闻学院）首届"毓苑铎声"诗词朗诵会圆满结束，传媒之声随着黄河的波涛，传向更远的地方……

（四）动画广告设计大赛

为提高学院学生的动手及创新能力，传媒学院（新闻学院）联合兰州大学新闻与传播学院、西北民族大学等多家单位，共同举办了"生活℃"型动杯第三届广告节暨首届三校联合大学生广告创意设计大赛并获奖。

大赛作品设计内容包括真维斯、读者、华莱士商业类广告，三校联合广告节 Logo 及公益类广告。作品形式为平面类、影视类、文案策划类三种。我院 2010 级新闻学 1 班焦月娇同学的公益类文案策划获得二等奖，2012 级广播电视编导 1 班段金浩同学的公益类影视作品获得优秀奖，传媒学院（新闻学院）获得优秀组织奖。

动画广告设计大赛尝试在较大平台之上联合多方力量共同开展活动，为学生提供了更大的发展空间和交流空间，同时增进和周围院校之间的协作与互动，使学生的思想和创新能力更上一层楼。

（五）新闻及摄影大赛

为了提高传媒学子的专业技能，对传媒学子进行了摄影、摄像方面的技能培训，使学生学会并熟练运用摄制器材以及构图、画面、光线、景深、影调、色彩等表现手段，提高了传媒学院（新闻学院）学生在影像文化时代的创新发展能力，传媒学院（新闻学院）支持并组织学生举办并参加相关摄影比赛，学生参与积极，在自己的生活中抓拍每一张鲜活、感人的照片，并有多人在不同活动中得奖。

如在 2012 年甘肃省校园文化艺术节中由甘肃省省委宣传部、甘肃省文明办、共青团甘肃省委、甘肃省教育厅、甘肃省文化厅、甘肃省学联联合主办，由中国移动通信集团甘肃有限公司协办的面向全省大、中学校在校学生的主题文化活动，以"高举团旗跟党走，校园文化伴我行"为主题，旨在加强我省校园文化建设，充分发挥校园文化在青年学生成长成才中的积极作用。我院曹璇同学提交的作品获得二等奖，李斐同学和李思昱同学提交的作品均获得优秀奖。

新闻及摄影大赛的举办，提高了学生的专业实践能力，同时激发了学生的学习兴趣。

（六）大学生电影节

为提升传媒学子的实践动手能力及对视频拍摄剪辑的灵活运用，传媒学院（新闻学院）鼓励学生积极进行电影创作，这一举措使得众多具有拍摄、导演天赋与兴趣的同学找到了创作的动力，不少同学脱颖而出。

2012 年 9 月 3 日，我院新闻系 2009 级学生杨宝磊接受了"首届国际大学生微电影盛典"组委会的电话专访，这也是西北地区唯一受访的学生导演。2013 年 4 月 11 日，第二十届北京大学生电影节开幕式暨新闻发布会在北京海淀剧院隆重举行，我院 2009 级学生高亚楠作为西北地区唯一一位学生评委，参与了本届北京大学生电影节评选活动。

2013 年 1 月 4 日，由甘肃省高校工委、甘肃省文明办联合主办，甘肃省电化教育中心承办，中国移动通信集团甘肃有限公司和兰州大学协办的"动感地带杯"甘肃省第三届大学生 DV 创作大赛颁奖典礼在兰州万商国际飞天影城隆重举行。传媒学院（新闻学院）靳刚等 9 位学生创作的 8 部作品获奖，其中 2008 级广播电视编导专业学生张跃龄的《坏爸爸》、王子元的《大良的菜刀》和 2009 级播音与主持艺术专业学生靳刚的《时间游戏》三部作品包揽大赛一等奖。2010 级广播电视编导专业郑博超和王琦的作品《水果忍者》、2012 级硕士研究生曹锐的作品《如果》荣获二等奖；2009 级新闻学专业杨宝磊的作品《刈麦》、2012 级硕士研究生顾家诚的作品《迷失的青春》荣获三等奖；2009 级广播电视编导专业邓青竹的作品荣获优秀奖。刘涛、任志明、孟子为、张浩、张立潮五位老师被评为"优秀指导教师"。

2013 年 11 月，经第十届卡塔尔半岛国际电影节组委会筛选，我院 2009 级新闻专业学生杨宝磊的作品《缺水的土地》、2010 级广播电视编导专业李春林的作品《猫爷狗妈的非典型生活》在 600 多篇参赛作品中脱颖而出，正式入围电影节。杨宝磊的《缺水的土地》同时获得中国镇江国际纪录片盛典"新地平线"单元银山奖。

五大品牌活动带动了学院学生专业素质的提升，同时为学生的发展提供了一个更广阔的舞台。学院鼓励学生再接再厉，总结经验，力争在今后的学习中取得更加优异的成绩。

校园文化活动是校园文化的有形载体，高雅健康、积极向上的校园文化活动对大学生的思想观念、价值取向和行为方式有着潜移默化的影响，具有重要的育人作用。传媒学院（新闻学院）自成立以来，积极组织多项活动，对学生的精神塑造、心灵塑造起到了不可忽视的作用。

四　实践育人：关注社会广角，播撒传媒能量

传媒学院（新闻学院）自 2012 年 5 月成立以来，以"传媒六艺"大学生专业技能综合提升工程为学生活动指南，高度重视培养学生的实践能力与体恤民生的情怀，积极组织学生参加社会实践活动，将暑期社会实践作为素质教育和大学生实

践能力培养的重要部分。

（一）暑期实践：知行合一，传递爱心，点亮绿色曙光

2012 年传媒学院（新闻学院）按照校团委下发的《关于申报 2012 年暑期大学生暑期社会实践团队的通知》的精神和要求，根据学院党政领导、校团委组织的统一部署和要求，特召开多次会议，强调暑期社会实践工作。为使广大学生在实践活动中受教育、长才干、做贡献，并积极引领青年学生全面发展，以优异的成绩向西北师范大学成立 110 周年校庆献礼，同时结合我院特色，展开社会实践活动。经过多次讨论，团委制定了以"投身和谐社会建设，服务富民兴陇大业"为总主题的暑期社会实践计划，得到了学院党政领导的肯定和大力支持。由于社会实践是我院成立以来首次出征，因而受到校领导及我院领导的高度重视。学院成立社会实践领导小组，指导社会实践活动的展开，并把社会实践列入教学计划，形成制度加以保证。在鼓励实践的同时，积极开展红色之旅，全院广大学生自觉将社会实践作为了解社会、接触社会、投身改革、锻炼才干、怀念先烈、铭记历史的重要渠道。西北师范大学传媒学院（新闻学院）"点亮绿色曙光"广角镜社会实践第一小分队与"知行合一，传递爱心"新视听社会实践第二小分队承载着传媒学院（新闻学院）社会实践的未来就此起航，扬帆远行。在后期评议中，赴民勤开展民生调研活动的"广角镜"实践小分队荣获省级优秀实践小分队荣誉称号，赴遭受"5·10"冰雹洪水灾害的甘肃省定西市岷县开展包括义务支教、家访、灾后重建调研的"新视听"实践小分队荣获校级优秀实践小分队荣誉称号，传媒学院（新闻学院）获得学

校优秀组织单位奖。

2013 年暑期为深入贯彻落实习总书记关于"中国梦"、"复兴梦"的讲话精神，引导大学生在推动发展、促进和谐的伟大实践中奋发成才，根据中央和省有关部门以及西北师范大学文件精神，学院结合当前党的群众路线，开展教育实践活动和联村联户、为民富民行动，以服务地方经济发展、服务青年学生成才为主线，组织热爱公益、勤于探索的学生组成新的实践团队，传媒学院（新闻学院）组建"广角镜"社会实践小分队深入临夏县开展民情调研活动，了解当地教育现状，调研宗教信仰对当地群众生活的影响及政府相关政策在当地的落实情况，为贫困学生和孤寡老人建档。并组织"新视听"小分队赴学校双联点——宕昌县开展社会实践活动，鼓励未来的传媒人培养深入基层、体恤民情的职业素质，在实践中贯彻落实党的群众路线和学院"传承文化，执守道义"的院训，提高传媒学子的专业技能，积极践行党的群众路线。传媒学院（新闻学院）党委副书记、副院长王德祥及"广角镜"社会实践分队带队老师马成鸣获得西北师范大学"优秀指导老师"称号，多名队员获"优秀实践队员"荣誉。社会实践使我院学生在体验民情的同时锻炼了专业技能，2013 年传媒学院（新闻学院）两支实践队伍均拍摄完成具有本队实践特色的纪录片。

传媒学院（新闻学院）承担着培养专业人才、传授知识和服务社会的神圣使命。我院师生努力贯彻落实党的精神，成为社会主义核心价值体系的信仰者、学习者、践行者和传播者。社会实践活动则是我院学生了解国情、了解社会，增强社会责任感和使命感的最直接有效的载体。我国正处在社会主义市场经济体制日益完善，全面建设小康社会，努力实践科学发展观的新时期，需要拥有良好的思想道德素质和较强的实践能力的青年一代。社会实践则为他们打开一扇窗，可以真正地开眼看世界。大学生走向社会参加实践，亲身体验生活，看到城乡差别，感受贫富差距；在与人民群众的接触、了解、交流中受到真切的感染和体验，从活生生的典型事例中受到深刻的教育和启发，使思想得到升华，社会责任感和使命感得到加强。

（二）实践基地：校企合作，深入交流，开启全新篇章

校企合作，是学校与企业建立的一种合作模式。当前社会竞争激烈，包括教育行业，大中专院校等职业教育院校为谋求自身发展，抓好教育质量，采取与企业合作的方式，有针对性地为企业培养人才，注重人才的实用性与实效性。校企合作是一种注重培养质量，注重在校学习与企业实践，注重学校与企业资源、信息共享的"双赢"模式。校企合作体现了应社会所需，与市场接轨，与企业合作，实践与理论相结合的全新理念，为教育行业发展带来了一片春天。

通过校企合作培养，学生普遍具有良好的职业意识，在实习中可以初步切身体验严格的企业纪律、一丝不苟的工作要求，感受劳动的艰辛、协作的价值和成功的快乐，使毕业与就业接轨。也对培养学生的组织纪律观念、良好的职业道德、认真负责的工作态度，以及艰苦朴素的生活作风、团结协作的团队精神和坚定乐观的生活态度有极大的帮助。

传媒学院（新闻学院）高度重视对学生实践能力的培养，积极拓展办学空间，努力建设学生实习实训平台，先后与甘肃读者动漫科技有限公司、南特数码科技集团、武威市广播电视

台、宕昌县广播电视局、甘肃汉之韵文化创意有限公司、礼县广播电视台、庆城电视台、兰州市广播电视总台、北京通宇思科数字电影学院等多家媒体签订合作协议，双方就相关专业学生培养、剧本创作、动画制作、文化资源开发、实践实训基地建设、科研项目申请、动漫产品研发、聘任兼职教师、学生就业等方面开展广泛合作。学院注重师资队伍建设，除培养、吸收专职教师外，还实行"双导师制"，聘请传媒界有独特建树的人才作为学院兼职教授，为学生提供广阔的交流空间与雄厚的师资力量。

传媒学院（新闻学院）鼓励学生积极探索，及时对学生给予技术、经验及资金上的支持。在西北师范大学2013届毕业生毕业典礼上，传媒学院（新闻学院）李斐同学申请的创业团队"尚域传媒文化公司"与彭恺同学申请的团队"甘肃恺信电子科技有限公司"均成功入驻我校就业孵化基地，分别获得资助金3万元和场地支持。

传媒学子不仅是时代的忠诚记录者，也是时代特色的代言人，更可以是时代潮流的引领者。学院鼓励学生踊跃挑战自我，积极创新，同时不断为学生开辟广阔的展示自我风采、提高个人技能的平台。

五　特色社团：投身公益,传递温暖, 追逐内心梦想

学院鼓励学生积极参加各类实践活动，广大学子不仅在暑期社会实践中表现突出，更是在校园社团文化中起着不小的作用。学院下属的公益社团小红果社用公益的光芒照亮了校内外

很多人的心，兴趣爱好类社团台球协会将优雅室内运动带给热爱这项运动的同学、摄影协会与影视协会将镜头与画面的魅力展现并传授给摄影爱好者、新闻实践协会关注新闻热点的同时将温暖送给山区的儿童。

（一）小红果社

小红果社是传媒学院（新闻学院）成立的公益性学生社团，现由传媒学院（新闻学院）2011 级新闻学 1 班赵唤唤同学负责，2012 年 10 月 14 日在西北师范大学社团联合会注册，社团着眼于帮扶贫困山区儿童和丰富大学生的校园文化生活。一年以来，小红果社的社员"果果"们下乡看望孤寡老人和儿童，通过电话辅导孩子功课，了解和关爱孩子们的成长，帮助山区儿童实现新年愿望。他们不仅将师大人的爱心传递给需要温暖的孩子们，更是利用微博的力量，将山东、湖南、江苏等地网友们的爱心汇聚在一起。

（二）新闻实践协会

新闻实践协会在为喜爱新闻的同学提供一个学习采编知识的平台的同时，也将公益作为社团的一项日常工作，2012 年秋天，协会组织社员看望孤寡老人与孤儿，为他们带去温暖与关爱。2012 年冬天，在西北师范大学社团联合会的帮助下，与创意手工社一起为山区小孩儿组织"织·围脖"爱心活动。

（三）影视协会与摄影协会

影视协会与摄影协会将社员从密闭的教室带到开阔的大自然中，在欣赏美景的同时加强大家对照片及视频拍摄基础知识的积累，在随意聊天中将景别、构图、光线等知识输入爱好者的脑中，使他们在娱乐中消化知识。在室内交流中，协会负责人邀请学校擅长摄影的老师、同学向大家分享好照片、好视频的拍摄窍门，并现场为大家答疑解惑。

（四）西北师范大学台球协会

西北师范大学台球协会是由传媒学院（新闻学院）2011级编导班马倩、马蕊、刘霁颖三位同学于 2012 年 9 月牵头创立的四星级社团，现由学院 2012 级广播电视编导 1 班夏美怡同学负责。台协成立的初衷是把师大的台球爱好者聚集起来，大家一起切磋技艺，共同进步。台球协会定期组织全体社员进行协会内部的培训，成功举办两届"师大杯"台球比赛以及"至尊杯"师大—交大对抗赛。在今年 5 月份举行的"情系雅安 祈福平安"甘肃省大学生公益台球联赛中，台协为师大赢得团体第二名的优异成绩，马倩、张明艳分别获得女子组第一名、第二名，阎立获赢得男子组亚军。

社团是学生精神风貌的一个展现平台，传媒学院（新闻学院）的学生不仅仅在与学科相关的专业社团上有所发展，更是体现了传媒学子悲天悯人的情怀。作为传媒的继承者，众学子能在提升个人专业技能的同时心系大众是学院之幸，也是社会之福。

传媒学院（新闻学院）在本科生中实施"传媒六艺"大学生专业技能综合提升工程，坚持组织开展"文化名人进校园"等精品文化活动，推动了学院内涵式发展。自学院成立以来，学生参与全国大型节目的策划制作与电视电影的拍摄，在国际首届大学生微电影节、北京大学生电影节、四川金熊猫电视节、西安国际民间影像节、科讯杯全国大学生 DV 作品大赛等全国专业性比赛中成绩斐然，屡次获奖。《荷尔德林的陶》等电影作品还参加戛纳、釜山等国际电影节。在校学生执导并举办个人电影展映活动，其中影片《失乐岛》成为国内首部院线公映的大学生商业电影，在广州、兰州、敦煌等城市举行巡回放映及院线放映。纪录片《缺水的土地》《猫爷狗妈的非典型生活》入围第十届半岛电影节，《缺水的土地》同时获得中国镇江国际纪录片盛典"新地平线"单元银山奖。纪录片《守望舟曲》获"第二届中国·西安国际民间影像节"校园文化单元二等奖，全国优秀电视节目奖"幸福家庭"栏目三等奖。纪录片《过年》入围第三届金荷奖参赛单元。组织和鼓励学生积极参加省内外文化艺术活动，并在话剧演出、播音主持人大赛、DV 大赛、诗会、朗诵演讲等文化艺术活动中屡获大奖，多次夺冠。

校园文化建设是学生成长的重要途径。传媒学院（新闻学院）将在校园文化建设中，以社会主义荣辱观为导向，以学生为主体，积极倡导坚持开展学院"传媒六艺"活动。同时，学院将以国家大力加强文化建设、甘肃省建设文化大省和"华夏文明传承创新区"为契机，打造高水平文化产业人才培养基地、高水平文化产品研发基地、高水平文化产业研究规划基地、高水平文化产业精英集聚基地、高水平文化产业师资培训基地，着力打造富有特色、实力和活力的创新型品牌学院，努力把传媒学院（新闻学院）建成一所高水平、有特色、西北一流、在全国具有一定影响的学院。

继承华夏文明传统
以"传媒六艺"培育新人

符得团

　　培育新人是人类的突出特征，也是社会文明永恒的主题。中华民族历经数千年积淀而成的华夏文明，是以儒家成人亦即德性人格塑造思想为核心，在儒、释、道三教争鸣融合的基础上结晶而成的中国传统人生智慧。它深信人性具备教化的一切要素和可能，因而以孔子为代表的中国古代教育家以"天之生斯民也，使先知觉后知，使先觉觉后觉。予，天民之先觉者也，予将以此道觉此民也"①的认识和胸怀，自觉担当起传道授业解惑的历史使命，带领众多弟子"游憩于礼、乐、射、御、书、数六艺之中"，坚持以《诗》《书》《礼》《乐》《易》《春秋》教弟子，培育出一代又一代通五经贯六艺的文武才略兼备之人。继承华夏文明传统，扬弃古代"六艺"育人的学科与历史性缺陷，彻底转变过去我们重应试教育、轻素质教育的流弊，以全面提高学生素质为目标，努力实现受教育者内在修养与外在事功的一致与和谐，是每个教育者义不容辞的责任。

---

　　① 《孟子·万章章句下》。

一 中国传统"六艺"考辨

（一）"六艺"的源起

"六艺"一词最早见于《周礼》对司徒之职的设定：大司徒"以乡三物教万民，而宾兴之。一曰六德，知、仁、圣、义、忠、和；二曰六行，孝、友、睦、姻、任、恤；三曰六艺，礼、乐、射、御、书、数"[①]。周人当时以六德和六行"养国子以道，乃教之六艺"。可见六艺原指周代贵族社会用以培养武士的六门课业。根据有关史料记载，我国夏商之时便有六艺教育的内容，只是并不完善，到了周代，施教六艺的内容才确定了下来。当然，"学在官府"的周前时期，统治者以六艺教学，旨在培养巩固其宗法社会结构的文武双全贵族子弟。随着"天子失官，学在四夷"的世事变故，春秋时期私学兴起，执教尊师。"孔子以《诗》《书》《礼》《乐》教，弟子盖三千焉，身通六艺者七十有二人。"[②] 而且自孔子开始，私学坚持有教无类，使学风下移，教育的目标不再限于保社稷的贵族武士，而更多地指向培养文质彬彬的士人君子。

（二）传统"六艺"的主要内容

关于传统六艺的内涵，学界主要有六艺和六经两种论说。前者认为六艺是中国古代儒家培养和要求学生掌握的六种基本才能：五礼、六乐、五射、五驭、六书、九数，此六艺之说，

---

① 《周礼·地官司徒第二》。
② 《史记·孔子世家》。

意在强调士人文武兼备的技艺和才能；后者则认为六艺即六经，即《诗》《书》《礼》《乐》《易》《春秋》，是儒家用以培养士人六种技能的课本或教材，而且德、智、体、美有机结合，因为"六艺于治一也。《礼》以节人，《乐》以发和，《书》以道事，《诗》以达意，《易》以神化，《春秋》以义"①。除此之外，还有一种非主流的说法，是指王莽篡汉后出现并流行一时的六种字体——古文、奇字、篆书、左书、缪篆、鸟虫书。

(三)"六艺"与"六经"的关系

为了使众弟子掌握当时国家规定国民应具备的六种基本技能，古代儒者便以六经为教材作育六艺，这是不争的事实。从流传至今的《礼记》一书可以看出，六艺造士的学制是与周代国野制度紧密相连的，当时社会上士人的礼乐生活十分丰富，礼乐之教自然被排在首位；到了春秋战国，车马战争频繁，射御乃士人必修的军事课程；与中国理性思维习惯一致，书数作为文化知识课业，自然被置于六艺之末。这样的教育目标完全适应当时贵族子弟修养品性与娱悦身心的需要，因而成为培养士人的必选手段与途径。"君子知在位者不能以恶服人也，是故简六艺以赡养之。诗书序其志，礼乐纯其美，易春秋明其知，六学皆大，而各有所长。……是故善为师者，既美其道，有慎其行，齐时早晚，任多少，适疾徐，造而勿趋，稽而勿苦，省其所为，而成其所湛，故力不劳，而身大成，此之谓

---

① 《史记·滑稽列传》。

圣化。"① 这便是我国自古一以贯之的"通五经贯六艺"之教。所以，还有一种说法，六艺即六经，"六艺者，王教之典籍，先圣所以明天道，正人伦，致至治之成法也"②。自此以来，儒者以六艺为法，始终坚持教育服务政治，关怀人生，不迷信宗教的皈依取向，以"明人伦，教化天下"为课程设置的目标，选取凸显人文精神的儒家六经为课本主体，开启了中国化的教育之路。后来汉儒将先秦六经改称为六艺，并非出于学科规范考虑，而是服务于其变经为艺、变学为术的学术转向。

二　传统六艺经久不衰的基础

首先，"六艺"的经久不衰，植根于经学理性思辨的彻悟。面对一个人何以成人的问题，中国人深知："玉不琢，不成器，人不学，不知道。是故古之王者，建国君民，教学为先。"③ 中国传统文化价值的最终追求，指向理想的人格境界，而《诗》所代表的道德诉求、《书》代表的政治文化、《礼》代表的礼制规范、《乐》代表的审美理念、《易》透射出的思辨哲理和《春秋》代表的社会文化，暗含着提升人类心智的天然禀赋。所以，在培养什么样的人和怎样培养人的问题上，以儒学为代表的华夏文明坚持人向自然的生成育人理念，认为人的本质不在于个体无差别的生物性，而在于其所内在而非外铄的社会道德特性，育人首先要做的就是"习以成性"或

---

① 《春秋繁露·玉杯》。
② 《汉书·儒林传》。
③ 《礼记·学记》。

"化性起伪"，通过存养扩充人之天然善性或改良人之受蒙蔽天性的生活践履，自觉遵从中庸之道，以塑造仁智统一的理想人格。因此，六艺作为传统学术之本源，包含有德、智、体、美完整的教育内容，实施六艺之教，并不仅仅是让学生读死书，而是要造就处世智慧和人格。

其次，"六艺"的繁盛延续，得益于儒家的教育传播。人是一种文明教化的社会存在，人的这一本质特征无处不显现着文化塑造的印记："自汉武表章六艺，罢黜百家，凡非在六艺之科者绝勿进。"① 对于古代私学来说，儒者从事教学活动必须适应这一科举选仕现实，然而现成的教材是没有的，儒术六艺就是在儒家的不断经解注疏中保持着教学相长的。孔子其时以六经为教材，以六艺教弟子，培养出了许多通经致用的高足。后来的儒者继续以五经、十三经、四书教授弟子，在教与学的切磋琢磨游学过程当中，众多的儒子对这些传统的经典不断注解、增华和解释，最初作"传"、注"经"、"释义"，后来注"疏"、"集解"、"正义"，坚持用这种"我注六经，六经注我"的做法来积累经义，推延和凝练华夏文明，不仅对儒学思想精髓的阐发与经解成果越来越多，使得儒学羽翼丰满长为参天大树，而且培养了经典的思维方法，使得儒家在其历史演进中孕育出了一大批善于通古今之变，具有兼容并包精神的大师。正是他们博古通今，不断地从前人的遗产中汲取智慧，秉持"万物并育而不相害，道并行而不相悖，小德川流，

---

① 梁启超：《论进步》，载易鑫鼎编《梁启超选集·下卷》，中国文联出版社 2006 年版，第 624 页。

大德敦化"① 的治学态度，培养了一批批优秀人才，也使华夏文明之道统历经千年而不衰。

最后，"六艺"的人生价值，是其生命力旺盛的不竭源泉。修习六艺的人生价值就在于开启心智、成就人格和练达人生，如果说是中国的传统文化造就了国人的人格，那么，起决定性作用的无疑是中国的传统六艺教育。换言之，作为育人手段，六艺的目标指向与其说是士人君子应有的六种最基本的才能，不如说是旨在激发学子通过格物→致知→诚意→正心的中道仁慧，而开启修身→齐家→治国→平天下的成人通途，正因为"致知在格物。物格而后知至，知至而后意诚，意诚而后心正，心正而后身修，身修而后家齐，家齐而后国治，国治而后天下平。自天子以至于庶人，壹是皆以修身为本"②，这是《大学》为中国人设计的理想人生蓝图，也是无数古圣先贤通过对中国传统人生的思索与总结而得出的育人金律。六艺施教始终遵循着这一"大学之道"的内在逻辑和规则原理，经由生命教育、生活教育和理想教育等环节，最终展现为"修齐治平"的普世教化之道，来培育通五经贯六艺，以一身而兼备文武才略之人，从而使六艺之教生命长青。

三 以"传媒六艺"实施素质教育

"六艺"是中国古代高等级教育的主要科目，它们以其长久的生命力延续了两千多年。时至今日，中国的"六艺"和

---

① 《中庸》。
② 《大学》。

西方传统的"七艺"（文法、修辞、逻辑、代数、几何、音乐、天文）仍然对人的教育特别是大学教育发挥着深远的影响。它们拥有如此持久和旺盛的生命力，并非源自施教讲习的内容，而是来自其内在的育人理念及其遵照人类心灵的本真培育和提升心智的文化价值。目前，实施素质教育是我国教育事业的一场深刻变革，旨在从人和社会的发展需要出发，以全面提高学生的基本素质为根本目的，尊重个性，开发潜质，塑造健全人格，因而是教育理论和人才培养模式的重大进步。过去，由于长期的应试教育对学生综合素质培育的忽视，不仅对学生的人文修养要求不高，就连学生最起码应具备的道德品质也训育不足，凸显出应试教育的最大弊端——忽视了对"人"的教育。加之大学阶段存在的学科划分过细、专业口径过窄等限制因素，使得学生难以受到良好的素质教育。

随着改革开放事业的不断深入和社会主义市场经济的快速发展，我国的高等教育近年来发展十分迅速，高校的办学规模不断扩大，大学毕业生的数量逐年增加，但大学生的就业却遇到了前所未有的挑战。正视现实，要让大学生在激烈的人才市场竞争中脱颖而出，就必须从以往的片面追求升学率和注重专业知识学习教育状态，转移到同时注重德、智、体、美等自身综合素质的培养轨道上来。为此，我们在审慎思考和深入讨论的基础上，按照分类培养、突出特色、全面发展的思路，坚持宽口径、厚基础、重创新的原则，逐步实施"传媒六艺"（礼、乐、摄、制、书、说）大学生专业技能综合素质提升计划。该计划包括以"加强道德修为，养成文明习惯"为主题的礼训、以"陶冶高尚情操，培育艺术素养"为主题的乐陶、以"捕捉精彩瞬间，再现人生百态"为主题的摄练、以"技艺完美结合，创制相得益彰"为主题的制习、以"涤荡心灵世界，升华语言意境"为主题的书写、以"毓苑铎声，随声所欲"为主题的说讲，旨在培养传媒学子良好的人格素养和扎实的专业功底。

　　致力于培养全面发展的人，始终是教育的真谛，也是大学开展素质教育的原因和动力所在。我们此举不是盲目倡导和复古六艺，并冠之以中华民族育人实践的核心内容，而是意在发掘其对于当下开展素质教育的启迪和推动作用。我们有理由相信，通过系统地实施和优化日常教学方式内外有助于提高学生综合素质的各种课程模块与活动项目，坚持理论学习与实训实习实践相结合、第一课堂与第二课堂学习相结合，能够真正把德育、智育、体育、美育等与"传媒六艺"有机结合起来，寓教于乐，寓教于艺，切实发掘学生潜能，启迪学生心智，不断提高学生的认知能力、实践能力和创新能力，全面提升素质教育水平，促进学生成长成才。

从白岩松的"新闻私塾"说起

王旸之

一 "新闻私塾"

2015 年 5 月，媒体报道央视主持人白岩松办了个"新闻私塾"，已经招收了三届学生，共三十多个学生。生源来自北京大学、清华大学、中国人民大学、中国传媒大学四个学校的一年级研究生，每月一课，学制两年。上课地点有时在北京东边的中国传媒大学，有时在北京西边的北京大学万柳公寓。因为白岩松钦慕辉煌的西南联大，便给它起名"东西联大"。

"与其抱怨，不如改变；想要改变，必须行动"是东西联大的校训。据报道，这个"新闻私塾"的教学形式是灵活生动的，学生们可以边吃零食边上课，而教学内容却不是散漫轻松的，作为教师的白岩松会要求学生每月必须认真看三本书并写书评，会用扑克牌抽签的方式决定发言的顺序。白岩松的"新闻私塾"教学内容共四个部分：第一部分是点评学生的书评；第二部分是新闻业务课，每次一个主题；第三部分是学生们自定主题和形式的展示环节，每次的主题不能重复；第四部分是看一场白岩松挑选的电影，大多是纪录片。

白岩松为什么要办"新闻私塾"？"他说作为不在校园里

头的人，想给新闻教育添加点不大一样的东西。"① 白岩松的另类新闻教育尝试给中国新闻教育一个当头棒喝。

那中国的新闻教育怎么了？据不完全统计，国内大中专高校有新闻学院 1500 多个。新闻教育不可谓不繁盛。但现实是，传媒衰落、工资待遇差，新闻专业的毕业生面对惨淡的现实，只能把满腔热情压抑下来。新闻教育并没有像当初所想象的那样给新闻媒体注入更多的新鲜血液，让每一个媒体人做出自己的事业，反而是学习新闻专业的毕业生媒体就业率不高。"曾几何时，中国各大高校新闻学教育，在都市报黄金发展十年的高奏凯歌声中，一路裸奔。但近五年来，回首来路，却发现大学新闻教育不仅没有获得'精英教育'的标签，反而陷入了连培养'新闻民工'的资格都远远不够的窘境中。"②

二　新闻理想

白岩松是个理想主义者，他的"新闻私塾"就是一个理想主义者的桃花源。

纵观中国新闻事业的发展历程，不难发现，怀抱新闻理想，矢志不移的新闻人比比皆是。

邵飘萍，民国时期著名报人，他创办了中国第一家自己的通讯社——北京新闻编译社，自资创办了《京报》，他是中国新闻教育的奠基人之一，编写了最早的一批新闻理论著作如

---

① 刘珏欣：《白岩松和他的东西联大》，《南方人物周刊》2015 年第 14 期。
② 陈安庆：《复兴新闻私塾能否成为拯救传媒教育的一剂良药？》，http：//www.mycaijing.com.cn/news/2015/05/22/19395.html。

《新闻学总论》《实际引用新闻学》等。邵飘萍被称为"新闻界全才"，"铁肩辣手"是他的真实写照。邵飘萍是一个有新闻理想的人，他宣传真理，抨击邪恶，锐意改革，最后用他的鲜血染红了言论、新闻、出版自由的理想。

范长江，民国时期《大公报》记者，《中国的西北角》《塞上行》成就了他的新闻事业。后加入中国共产党。他发起组织了中国青年新闻记者协会（中国记协前身），共同创办了国际新闻社，成为我国无产阶级新闻事业的开拓者和领导人之一。以他的名字命名的"范长江新闻奖"成为鼓励我国中青年优秀新闻工作者的最高奖。范长江的新闻理想是，"穷毕生精力研究一两个什么问题"，认为"一个记者，如果能为一个伟大的理想工作，那就是值得鞠躬尽瘁、死而后已的"。

穆青，当代著名的新闻记者，长篇通讯《县委书记的榜样——焦裕禄》成为经典新闻作品。穆青在具体的新闻工作实践中，时时不忘自己是"人民的记者"，他是"从群众中来，到群众中去"的忠实实践者。穆青的新闻理想是"求真"，穆青在半个多世纪的新闻生涯中始终把"求真"作为第一要义。

什么是"新闻理想"？每个新闻人心中都有自己的新闻理想，不同的新闻人对新闻理想有不同的诠释。《新闻实践》杂志在2011年11月的一篇文章《三问：如何坚守新闻理想？》中认为，新闻理想是一种追求，"我们既然把自己托付给了新闻这个行业，就应以最饱满的激情、最合适的方式，在现实语境中勤奋笔耕，推动着现实，促动着进步，这便是我们新闻人的理想追求"。

理想与现实之间总存在着落差。实际上，从事媒体工作的人大致可分为三种：一种是非常喜欢新闻这个行业，对他们而言，新闻理想是现实的事物；另一种是，他们无所谓新闻理想，也无所谓喜欢不喜欢，只是为了生存而来到媒体单位；还有一种是，从事媒体工作仅仅是因为他们看中了新闻从业者的软权力和资源。

反观中国新闻教育下的新闻学子，参考白岩松的"新闻私塾"，不难发现，我们缺少对他们新闻理想的塑造。

诚然，"理想很丰满，现实很骨感"，但没有理想的人生该是什么样的人生？没有新闻理想的新闻人该有怎样的前景？新闻是一个"理想者"的行业，新闻从业者是社会的瞭望观察者，是公平公正的守护者。缺失了新闻理想的教育，就成为了失去灵魂的新闻教育。

目前大学新闻教育可能更多的是教新闻知识、新闻技能，要求学生树立一个正确的新闻观。在此基础上，我们是否应该告诉学生们，什么是新闻理想。无论他们在未来的道路上如何选择，理想的树立都是一项重要的人文素养的教育。忠于理想，尊重现实，理想不灭，人生不老。

三　新闻人才

白岩松的"新闻私塾"在教学形式上灵活多样，追求的是"寻找乐趣和寻找信仰"，白岩松描述自己作为老师的职责是"帮你推开一扇又一扇的门，让你知道房间有多多，世界有多大。接下来，进哪个房间，多深地去打开，取决于你对哪个房间更有兴趣。老师的职责就是开门，不是陪伴你把一个房间弄明白"①。

白岩松的描述其实就是中国的俗语"师傅领进门，修行靠个人"。乍一听，似乎不负责任。但正确的理解应该是，新闻专业涉及的领域广大而庞杂，并非通过学习新闻理论、新闻采访、新闻写作、新闻编辑、新闻评论、新闻摄影、新闻史等专业课程就能全面掌握，"专业"之外的修行也十分重要。

有教育专家认为，世界各国对新闻传播教育的观念与做法大致可分三种类型：第一种类型是美国的教育模式，其特点是重视实际业务技能的传授，同时以社会科学为依托，加强社会科学理论素质的培养；第二种类型是欧洲模式，以英国为代表，侧重于在职训练；第三种类型是日本模式，大学中很少设新闻专业，新闻媒介从其他专业毕业生中招聘人才，通过内部培训完成新闻人才的培养。总体来说，我国的新闻教育情况与美国模式更加接近。

经过几十年的发展，各高校的新闻教育已取得一些成功经验。比如，根据社会需要进行了学科专业调整，淡化专业意识，拓宽基础，加强素质教育和能力培养。在课程设置上，增加了文化科学基础课程，以利于拓宽学生的知识面；另外，在专业课程设置方面增加了大量新的课程。

很长一段时间以来，我们提倡培养"复合型人才"。面对网络时代迅猛发展的现实，我们又提出"新型新闻人才"的培养。

有人提出，网络时代新闻教育的教学目标，不再是向学生灌输既有的知识，而是教会学生如何通过网络获取自己需要的

---

① 刘珏欣：《白岩松和他的东西联大》，《南方人物周刊》2015 年第 14 期。

知识和信息：学会查找各类信息资源，能够检索各种数据库，会利用各项网络服务寻找新闻来源和背景材料，并随时随地可找到想要的所有知识。教师的主要职责也不再是以传播知识为主，而是表现在培养学生掌握信息处理工具的方法和分析问题、解决问题的能力上。①

有人提出，面对媒介融合的时代，教师可以整合新闻采访、写作、编辑、摄影、摄像、编辑制作的实验环节进行讲解，学生将成为采集文字、图片、音视频的"多面手"，把书本知识与实战技能进行结合，完成文稿采编、报刊版面设计、音视频制作等操作环节。②

这些对新闻教育改革的建议，无论方式如何，目标都是一致的，就是面向未来，面对现实，培养适应这个时代的有用人才。

新闻行业是一个充满挑战和激情的工作，它要求从业人员全心全意地热爱新闻职业，对新闻的本质有深刻地认识和理解，具有开放、好奇的心态和广博的视野。新闻教育的任务，就是点燃这些火苗，给它们一个正确的方向。

---

① 王蕾：《网络时代的新闻教育》，《新闻与传播研究》2002 年第 1 期。

② 田雷：《融媒时代中国特色的新闻教育观》，《当代传播》2013 年第 6 期。

从大学生视频作品创作分析大学
影视教育的缺失

冯晓临

自 2000 年以来，随着数字技术的进步和生产成本的降低，数码摄像机、数码相机以及手机等电子移动设备成为普通人记录生活、表达自我的工具。一方面，这些设备的出现，打破了"业内人士"和主流媒体的设备优势，模糊了昂贵的"专业影像"与便宜的"家庭录像"之间原本不可逾越的品质差异，从而赋予了更多普通人进行真正意义上的影像创作的权利；另一方面，网络的普及，为民间创作的视频作品提供了一个良好的传播渠道，各式各样的视频作品已经成为中国民间群众性的一种不容忽视的记录和传播载体。大学生作为最具活力和文化理念的新生力量，也是视频创作的生力军。大学生们用视频作品演绎他们的生活、发现他们的生活、阐释他们的生活。他们良好的艺术天赋、数字技术和团队合作能力，以及他们多元融合和标新立异的理念和视点，使他们的视频作品明显区别于社会视频作品，从创意构思、制作水平、表现手法到传播方式，都呈现出比娱乐消遣的大众视频作品更具个性、更加主观、更富自由的特点，透露出大学生对于现代校园文化、社会生活以及个体欲望的独特见解。

面对大学生创作的视频作品，有人赞不绝口，甚至对于作品中存在的明显缺陷都给予最大的原谅和包容；有人则对其不屑一顾，认为是对于影视艺术的亵渎，认为这看似繁荣的制作狂潮后一定是视觉影像的泛滥成灾。事实上，大量的大学生视频作品良莠不齐，折射出的是当代大学影视教育的缺失。本文力图通过对大学生视频作品现状的分析，论述在大众传媒飞速发展的今天，对大学生进行影视教育的必要性和迫切性。

一　大学生视频作品创作的现状

以前大学里，一般是影视专业和电化教育专业的学生才会制作视频作品，现在拍视频作品的，什么专业的学生都有。全国几乎所有的高校都有学生制作视频作品，国内每年举办各种形式的视频大赛近百次，大学生作品是这些大赛的主力。

对影视专业的学生来说，数码相机、数码摄像机，是专业训练的最好途径和工具。现在影视专业学生的作业大都是用较为专业的数码相机和数码摄像机拍摄，然后在自己的电脑里完成后期，不受设备和场地的限制，扩展了影视专业学生练习的质和量。而对非影视专业的大学生来说，通过创作视频作品可以叙写青春、抒发感受、记录人生。

与主流影视作品相比，大学生视频创作有了更大的创作空间，只要掌握了简单的 DV 拍摄技巧，不需要过多地考虑资金，一个剧本，两三个朋友当演员，就可以把自己的想法拍出来。选材更是从个人情感的抒发到人性善恶的探讨，从校园生活的再现到社会问题的研究，五花八门，包罗万象，真正做到了"只有想不出，没有拍不出"。

喜剧片、爱情片、纪实片、警匪片、科幻片……各种影视节目类型都会出现在大学生视频创作中，大学生们用独有的视角、思维方式和价值观念重新审视我们一直津津乐道的一切。一些大学生视频作品在对优秀影视作品的学习和模仿中，从故事的叙述到艺术的表现力都已经有模有样，特别是在画面造型的设置、镜头语言的理解、故事节奏的把握、音乐光线的处理、解说词的搭配上更是有出人意料的个性化创造，使整个作品的艺术内涵和审美品位都迈上了一个大台阶。西安美术学院董钧创作的纪录片《无烟煤店》①，拍摄的是美院附近一家父子三人经营的煤店，作品非常从容地通过很多细节传达出拍摄对象的生活实景，在影像构图、画面叙述中包含了丰富的场面调度，强调氛围和状态，并且有一种逐渐接近舒适的节奏感。

传统影视作品拍摄中，"画面拍摄要求稳准匀、色彩搭配要求柔和自然、音乐选择要求符合主题、剪辑要求符合视觉逻辑"，这些都被视为影视制作的不可违背的规则。可是大学生们创作视频作品时却以一种全新的思维方式，用大胆、新锐、叛逆的尝试证明着法则之外仍有创造精彩的可能。中国戏曲学院李耀东同学拍摄的短片《贼》②体现了成熟的后现代技法和流畅的叙事，用夸张变形的镜头、自然巧妙的剪接、节奏感强烈的音乐、丰富多变的音效，赋予作品良好的节奏变化。拍摄

---

① 《无烟煤店》获 2004 年索尼 DV 新生力大赛"纪录片优胜奖"，"2005 大学生优秀 DV 纪实作品有奖征集"一等奖，入选 2005 年"云之南"记录影像论坛青年单元。

② 《贼》获第三届"科讯杯"全国师范院校学生高清暨 DV 作品大赛"网上人气最旺艺术片、最佳高清拍摄奖"，第四届中国大学生 DV 文化节/最佳导演奖/最佳男演员奖，在第十届上海国际电影节、第十三届法国里昂亚洲影展、第二届华语青年影像论坛上均作为展映短片。

中，多处大胆使用了近距离拍摄，与作品的主题风格和整体节奏都非常适合，不但没有让人感觉生硬怪异，反而成为作品的一大亮点。

在主流影视作品弘扬大情、大义、大道理的今天，校园视频的导演们则把目光聚焦在自己熟悉的小事件、小人物或者小角度上，努力证明自己与主流（主旋律）作品的区别，也以此来弥补作品在制作技术方面的缺陷。西北师范大学程心沁同学拍摄的 MV《在我的世界我就是喜欢做游戏》①用橡皮泥人的动画来展现自己熟悉的生活，虽然这部作品选择的是小题材，体现的是女生的小情调，但是它将这种小题材做到了极致，它用自己的清新、温馨表明：小题材也可以做成好作品。

在对校园视频作品拍手叫好的同时我们不得不承认，在大学生诸多扬扬得意的"大片"、"大制作"中仍然存在着大量粗制滥造的作品，就是一些获奖作品也有这样那样的不足之处。

一是主题选择局限于校园，意义不大。尽管大学生视频创作主题的选择已经相当开放和自由，可是绝大多数学生还是将拍摄的重点放在了校内，校园三角恋、校园暴力、寻找自我成了大学生创作的"源泉"，没有经历过大风大浪，活在自己的臆想中的大学生，视野里除了自己和自己所属群体的感受之外，就再也看不到任何值得阐释和关注的题材了。

电视电影创作讲究要贴近生活，要真实可信，要弘扬社会正气，可是一些校园视频作品为了宣扬个性主张，为了与众不

---

① 《在我的世界我就是喜欢做游戏》获西北师范大学首届大学生 DV 节最佳作品奖。

同、标新立异，迎合后现代主义反深刻、反中心、反内涵，追求随意性、世俗性与零散化的文化倾向，刻意地向一些边缘化消极题材渐渐靠拢，故事常常令人匪夷所思，没有真实的情感，没有清晰的脉络，在极力表现艺术品位时却违背了最基本的真、善、美的道德底线，最后呈现在受众面前的只是一段不知所云、乱七八糟的动态影像。

需要警觉的是，当崇高理想、精神、人文、历史等有意义的东西在大量学生视频作品中被颠覆或消解，也昭示着全社会领域审美与认知能力的滑坡。

二是缺乏影视观念，驾驭能力薄弱。数字化智能化的摄像机、非线性编辑系统、3D MAX、MAYA 等三维技术、数字音频制作系统等先进制作软件硬件的问世，为视频制作提供了强大的技术支持。大学生们对新技术的掌握速度很快，但是技术成熟仅仅是视频创作的充分条件，而观念的形成才是创作优秀视频作品的必要条件。

影视作品的拍摄、剪辑应该是建立在对故事基调把握、镜头语言理解以及造型元素安排的基础上的。而诸多的大学生作品只是为了技术而技术，总是在追求大胆、新锐、前卫，却忽略了影视中的蒙太奇思维。不规则的镜头运动、无意义的长镜头、主题不明的曝光过度、曝光不足等，都显示出大学生视频作品缺乏整体观念，不能准确完美地表现影片内涵。如西北大学张磊同学导演的影片《霸王年代》①，其摄影并未建立起一个全天候的感念，白天的单一光线过多，所以画面内主客体的透视层次感较弱。

---

① 《霸王年代》获全国大学生 DV 影片大赛"最佳长片奖"。

大学生视频作品还有一个特点是滥用解说词和音乐。解说词和音乐在影像中的作用主要是辅助阐释画面、渲染情绪、表现细节和调动想象。而在人民网和汕头大学长江新闻与传播学院举办的一个大学生 DV 纪实作品有奖征集活动所收到的 268 件作品中，至少有 80% 的作品都存在着解说词和音乐的滥用，很多作品甚至从第一秒中出现第一格画面，直到全片结束整条声轨都铺满了流行音乐和解说词①。

影视观念的缺失，让人感到很多大学生的视频作品只是在说，却并不知道自己在说什么，也从未想过为什么要那样去说。

三是受众面狭窄，作品品位不高。网络是大学生视频作品传播的主要媒介，网络传播的内容广博繁复，再加上校园题材的单一性、空洞性以及规模较小的宣传载体，使校园视频作品的受众市场变得狭窄和单薄。少数学生在利益的驱使下，开始极力迎合大众的低级趣味和猎奇心理，将格调品味、责任良知弃而不顾，刻意表现边缘人群、描写社会阴暗面、轻视社会问题、缺少人文关怀并带有无端怨气的作品纷至沓来。笔者在网上曾看到某大学学生预备拍摄一部以性爱为主题的视频作品《2047》，虽然还没正式开始拍摄，但是有关此事的网站和帖子已经在网络上满天飞了。

四是"玩家"的创作心态，缺少严谨的艺术态度。诸多的大学生视频作品创作者从心底就没有把视频当作一门艺术，从没有在创作前考虑过作品应该表现的意义，创作之初导演的态度就已经限制了片子应该达到的艺术高度。

---

① 张亚璇：《DV 记录影像：学生制造》，http://av.people.com.cn/GB/28140/43852/44833/50018/3879510.html。

有些学生作品，创作者只是刻意地去追求某种自己喜欢的效果，缺乏对作品的整体把握和对人物性格的刻画。西北师范大学曹锐同学拍摄的《血色记忆》[①]，虽然还是小成本，虽然没有真枪实弹，却营造出一场生死搏杀的现代战争，展现了野外战场的风声鹤唳。但是从整体来看，全篇缺乏故事情节的有机推进，剧中人物像道具一样没有生命。

二　从大学生视频创作看大学影视教育的缺失

大学生视频作品的现状折射出当代大学生影视素养的状况，显现出我国目前影视教育的缺失。

（一）大学生影视知识获得的自发性

大学生视频作品创作者中，除影视专业的学生之外，大部分学生创作经验不足，也缺乏影视理论的支持，拍摄手法、编辑技巧全是由观看影视作品而习得的。他们的作品往往专业技能欠缺，驾驭能力不足。拍摄时，画面构图没有美感，镜头运动没有目的性，画面主题不明确，拍摄的夜间或室内戏往往一黑到底，看不清拍摄内容，时常出现虚焦、曝光过度、曝光不足或未调准白平衡等严重的技术问题。剪辑时，乱用特技，忽略了蒙太奇思维，偏离了画面编辑原则，作品节奏有的时紧时松、有的拖沓冗长。

大学生的视频创作，手法从纪实到先锋都有，作品类型几

---

① 《血色记忆》获西北师范大学第二届大学生 DV 节最佳音效奖。

乎涵盖了电视台播出的所有节目形态，实际上大学生视频创作绝大多数是对现有影视作品的自发的模仿，影视专业院校的学生作品大多也是向中央台等主流的节目靠拢。这种趋同化使得一些学生作品很成熟，像极了电视节目，但是已经丧失了学生视频作品个性化、创造性、民间性的特点。

一些大学生作品为了宣扬个性，为了与众不同、标新立异，故作深沉，从表面上看，表现主义、超现实主义、非理性主义等现代电影中的元素手法都有使用，但只是在形式上过于追求艺术化的东西，内容上缺乏对生活的认真观察和思考，而且形式和内容不适合，先锋的外衣下往往包含的是摄像、编辑基本功的欠缺。

如今，网络已成为大学生接触最多的媒介，其使用时间远远高于传统媒介。大学生们热衷于网络与影视，在与这些媒介接触中显现出来的媒介素养完全是在日常经验的基础上自己感悟得来的，而不是通过科学的教育获得的。这种自发获得的影视戏剧知识决定了大学生们的影视使用能力、解读能力和表现能力往往是低水平的，导致在进行视频创作时，无法对网络及影视传播的内容及方式做出正确的解读，无法将自己的需求与媒介提供的信息有机地联系在一起，并且缺乏影视理论的有效支持，使得影视作品往往形式大于内容。

（二）大学生影视技巧的盲目性

从大学生视频作品的内容和主题上看，大学生拍摄视频作品往往不受时事政治的影响，也没有表达某种思想政策的压力，所以可以更从容、更自由地拍摄自己熟悉的人和事，可以说当今大学生视频创作主题的选择已经相当开放和自由。但是大多数学生在创作时，还是将拍摄的重点放在了大学校园，在甘肃省首届大学生 DV 大赛入围的 37 部作品中，有 20 部是反映大学生活的。

其实大学生们选择自己所熟悉的大学生活作为创作的源泉是没有错的，但是绝大多数却是围绕校园爱情这一便于操作的题材来展开的。大学生拍爱情，大多来源于某个影视作品或者文学作品的灵感，缺乏深刻的认知，对于爱情的理解往往要么是浅显的，要么是虚幻的，与生活毫无关联，结局往往也都是悲剧。这样的爱情固然有冲突有矛盾，有悲欢离合甚至生离死别，但是缺乏真实的情感。

当然也有一些大学生视频作品突破了风花雪月，将镜头直接对准当今大学校园里的现实性问题，比如精神困顿，比如信仰真空，比如跳楼、逃课、情感疏离等，同时也将视角越来越多地转向社会这个大舞台。

凤凰卫视在 2002 年推出的《DV 新世代——中华青年影像大展》栏目，播放了很多大学生拍摄的视频作品，但是大部分作品关注的是弱势群体，这也是目前大学生视频作品中比重非常大的选题。我们常说艺术创作要有人文关怀，一提到人文关怀，大家想到的就是去拍摄社会底层的、弱势的、边缘的题材，其实这恰恰是大学生们自己所不熟悉的生活。为什么大学生们会放弃自己所熟悉的生活，去拍自己所不熟悉的边缘人生？究其原因，一是他觉得这样的题材抓人，比他熟悉的生活更加抓人。他不相信一个平常的题材，一个他所熟悉的人或事会被媒介和社会认可。二是主流媒体不太可能去拍这些题材，这样他的作品就具有了潜在的商业价值。三是同样的人或事，让专业人士看是很有意思的题材，但是大学生由于经验和阅历不足可能看不到。但是这种题材的作品，在一些 DV 赛事和评选展映上，并不被非常看好。评委觉得学生在拍这个作品的时候，情感没有融进去，只是简单地对现实的罗列甚至猎奇。

大学校园里的众多学子在进入大学之前，都是在影视教育和媒介素养教育的空缺中成长起来的，面对风云变幻的漫天媒体，独立思考、明辨是非的能力较差，正确理解、建设性地享用大众传播资源的能力不足。在信息的海洋中，在娱乐或享乐原则面前，他们极容易成为信息的奴隶，从而惰化自己思辨和梳理的能力。目前我国的传媒机构日趋扩张，以经济效益为导向的传播内容鱼龙混杂，大众媒介的两面性越来越明显，一些媒介一味地迎合人们低俗的需求和非常态的欲望，丧失了媒体责任和职业操守。当大学生们离开家庭的约束，自由地面对众多媒体时，社会环境的物质化、大众媒介的媚俗化使得他们在接受信息的过程中不知不觉地依赖于媒介，但又不能正确地对待和使用媒介。他们往往能意识到媒介对自己知识结构、观点思维方面的影响，却相对忽视媒介对价值观等其他深层次的影响，对媒介的表征和建构能力也缺乏足够的判断和警惕。受媒介的影响，部分大学生视频作品主题狭窄、品味不高，也有少数学生极力迎合大众的低级趣味和猎奇心理，将格调、品位、责任、良知弃而不顾，在视频作品中刻意表现边缘人群、描写社会阴暗面、轻视社会问题、缺少人文关怀并带有无端怨气。

（三）大学生自我传播的无序性

大学生视频作品主要通过小型放映厅、相互交流、个人影展及互联网进行传播，其中网络传播是最主要的传播方式。视频创作者可以通过在网上传播作品和创作心得、导演访谈等与创作相关的视频、音频乃至文字资料，让浏览者对作品有更深刻的把握。同时通过网络，可以让观看者与作者交流，大大增加了作品收看的随意性和互动性。

网络打破了进入传统媒介那种难以绕过的技术障碍和经济障碍，导致了影像的革命，使大众传播传受失衡的状况得到很好的改变。然而大学生们对利用媒介进行信息传播、侵权盗版行为等虽有认知，但自律意识不强；对媒介的商业属性虽然有较清醒的认识，但对受众在传播中的能动地位认识不足，往往会对一些事端推波助澜，显现出大学生自我传播的无序性。2007年网上炒得很火的一部DV作品《流血的黄色录像带》用性、纪录片和获奖来炒作，在正式开拍之前，有关此事的网站和帖子就已经在网络上满天飞了，却不知一部尚未完结的作品是如何获得一个个大奖的！

三　结论及建议

大学生视频作品的现状折射出当代大学生媒介素养的状况，也显现出我国目前影视教育的缺失，说明在大众传媒飞速发展的今天，对大学生进行影视教育是非常必要的，也是迫切的。

美国学者路易斯·贾内梯教授在《认识电影》一书的前言中写道："电影知识在美国的教育体系内是落后的，不止大学欠缺而已。"[①] 其实中国的情况也不比美国好多少。中国的中小学教育以中考、高考作为指挥棒，基本都是应试教育，学

---

① ［美］路易斯·贾内梯：《认识电影》，焦雄屏译，世界图书出版公司2007年版，前言。

生既不能欣赏到音乐美术的美，也无法去欣赏文学科学的美，影视教育更是一片空白。从我国的国情分析，要进行全民媒介素质教育显然是不现实的。从学校教育环节来说，中小学生还处在受成人监护阶段，独立选择接触媒介的时间相对较少，同时升学课业负担较重，中小学也缺乏开展媒介素养教育的师资力量。大学生正处在世界观和价值观的形成发展阶段，而且自主自由地面对媒介、接触媒介，无疑会受到各种媒介的影响，需要正确的媒介素养教育的引导，而高校在师资力量、教学时间上有许多优势，所以从这个意义上讲，现阶段在大学开展媒介素养教育的时机是成熟的，条件是充分的。

有一些高校已经在这方面做出了有益的尝试，如东南大学就十分重视艺术教育，在全校开设公共艺术教育课程，开展"文化名人进校园"、"高雅艺术进校园"等活动，采用"讲解＋演示"的模式，很好地提高了学生的艺术修养。当然，在大学开展媒介素养教育只是全民素养教育的第一步，只有从幼儿园、小学开始启动以影视教育为主要内容的媒介素养教育，才能最终提高全民媒介素养。

播音主持艺术专业教学之拙见

李欣阳

一　加强专业技能培养要具备扎实的理论基础

从教育部公布的培养方案中可以看出，播音与主持艺术的主干学科是新闻传播学、中国语言学、艺术学。主要包括：播音创作基础、播音发声学、广播播音主持、电视播音主持、文艺作品演播、播音学概论、新闻学概论、新闻采编、广播电视节目制作等。由此可见，该专业是建立在语言文学和新闻学两大基础上的。但是由于人们生产生活水平、知识层次、审美品位不断提高，对于从业者来讲，要想达到观众的审美要求，其专业素养的要求也绝不是单一的、表面的，而是要求有更加深入的专业基本功和全面的素养。我们都知道，广播电视的节目质量和人才质量成正比，高质量的人才是制作优秀节目的基本条件，在现在多元化的社会发展趋势下，作为播音员主持人，不能只是读字器，而是要一专多能，成为集采、编、播为一体的多层次人才。

播音主持艺术专业是一个融合了文学、新闻学、广播电视学、美学、传播学等多学科的综合艺术学科。想要在广播电视媒体工作，涉及的学科比较多，不仅要有扎实的基本功，还应该有随时准备改变的应变能力。在课程设置时，我们也需要注重实践，与时俱进，不能一成不变，要紧随时代的潮流。现在是一个媒体时代，媒体的高速发展，使我们在教学时必须更多地体现社会生活，了解时代背景，融入更多的新型信息。

现在的媒体传播，信息量大，传播渠道多。"说什么，怎么说"就成了我们必须要研究的问题，应该培养学生观察研究的能力，在大量的信息中快速筛选信息，找到有传播价值的信息，并且找到有效的信息切入点，使得消息快速并有效地传播出去，而不是一味地模仿、克隆别家媒体已经发布的"旧"消息。现在的时代更加需要有专业见解的消息。

二　教师的引导和学生的自觉性有机结合

在 1993 年颁布的《普通高等学校本科专业目录》和 1998 年颁布的《普通高等学校本科专业目录》中，播音专业是带"＊"号的专业。这是教育部审批中的一般控制专业，也就更加突出了其专业的特殊性，从而要求高校在教学计划、课程设置、培养方案上都有其特殊的考虑。教师作为培养学生的主体，是学生教育的核心环节，但是专业的特殊性，要求教师不能以传统教育方式来培养学生，应该从以前的注入性向交互性、自主性、研讨性转化。过去的大学教学方式主要是"我授你收"的模式，但是播音与主持艺术专业更加强调的是学生的创新能力和实践操作能力，因为其实践性强的特点，所以更多的是要求学生的自主性，而老师更多的作用是引导。

随着播音主持专业在全国各地落地发芽，怎么才能在全国这么多高校毕业生中培养出更加具有竞争力的学生，是这些年我们学院一直在探讨的问题。除了以上说的增设更加广泛的学科知识，还要根据学生的共性与个性的差异进行引导教学。播音与主持这个行业更加需要多元化的、多层次的综合型人才。在教学中，我们对学生的基础课程，比如语音、发声、口语表达等最基础的技术能力，要做统一的、严格的共性要求，这样才可以让学生具备扎实的基本功，达到统一的目标。但这仅仅只是最基础的技术要求，除此之外，学生与学生之间也存在着个体之间的差异，如表达能力的参差不齐，老师在教学中要善于发现学生与学生的不同点，针对不同的学生，我们应该引导其根据自身特点个性发展。随着大众审美的不断提高，如今对播音员、主持人的要求已经不再是有一副好嗓子、声音美、形象佳就可以了。传播渠道越来越多，电视节目越来越多，受众对主持人的要求也越来越高，面对行业的激烈竞争、受众审美的挑剔，主持人也需要有自己的个性才能长远地发展下去。从现在各大主持人大赛选拔的情况来看，不难得出，电视台以及受众都更加喜欢有专长的主持人，除了声音好、气质佳以外，还要有某一个专业领域的专长。比如，金融、法律、体育、医学、军事等。行业的发展越来越宽泛，要求播音员、主持人更加凸显自己的个性，所以，从教学上来说，我们除了对学生有共同的硬性要求，也要引导学生的个性发展。

三　多场景的教学模式

有句俗话"胆大、心细、脸皮厚"，话糙理不糙。其实这正是对学习播音主持专业学生的要求。在教学中，我们发现，很多学生因为害羞、胆子小、没自信等原因无法很好地表达。

播音主持不仅要说好普通话，也需要语音、气息、形体的协调配合，需要思维应变的能力。我们在教学中采用多场景的模式，可以让学生体验到环境的真实感。

（一）播音训练教室

在播音教学中，采用上小课的形式，一个班可以分多组进行，这样一个老师指导学生的时间更多。在专门的播音训练教室，有很好的收音设施，更有利于我们进行发声、语音的训练。在这里我们可以进行理论教学和播读训练。

（二）"大街上"的教学

对于新闻现场播报，我们带学生走出实体教室，来到新闻发生的现场，在街上寻找新闻。学生自己发现新闻，并能准确地播报出来。这里让学生有真实的体验感，真实面对新闻事件。

（三）演播室教学

电视播音与主持中，我们在演播室边实践边分析，及时对学生出现的问题进行指正，使学生对电视节目主持中各类型节目主持有更加真实的感受。

四 确立人才选拔的业务标准

播音与主持艺术专业在进入系统专业学习以前，都要通过专业测试（艺考）考验考生的专业潜质，这个工作的质量直接关系到人才培养的质量，关系到这个专业教育的成败，所以，确定严格的人才选拔业务标准显得尤为重要。那么具体应该从哪几个方面入手呢？

（一）规范标准的普通话语音面貌

按照国家规定，县级以上（含县级）广播电视和电视台的播音员，节目主持人应达到一级水平。由于职业的特殊性，播音员主持人对于全民普通话有示范引领作用，对于提高全民道德文化水平有重要的作用。所以在选拔过程中，标准的普通话是首要的考查点。

（二）临场应变的灵敏思维

随着广播电视节目类型发展的多样化，以前单一的新闻播读已经不能适应当今传播的要求，节目的细分化、内容的丰富化、受众的多层化，都促使我们主持人的培养要更加符合大众的要求。受众对于有特点、有风格的主持人会形成一种特殊的收看喜好，这种喜好可能会大过对于节目本身的兴趣，如脱口秀类节目《壹周立波秀》的主持人周立波。所以要符合广播电视发展的规律，在主持人的"把关"中我们就必须把主持人的思维考查纳入重点的选拔标准中来。

五　建立人才培养的长效体制

21世纪是学习的世纪，是教育的世纪。随着科学技术的不断发展，知识更新的速度不断加快。我们只有不断地学习才能跟得上发展的浪潮，才能在市场经济的人才队伍中不落伍。而广播电视作为意识形态传播的先行者，在这个行业中的人就是时代发展的风向标，所以就要求广播电视的人才培养不仅仅是在校的教育，还要求学校能够担负起从业人员的"回炉"再深造。这样其实是一种良性的循环，在职的工作人员回校学习，也可以将实际工作中遇到的问题和在校生一起讨论交流，使得学生对将来的职业发展有更加清晰的认识，从而也使院校的教育培养更具针对性和更专业化，加强对人才素质的培养。

高校影视动画专业动漫人才培养现状及其变革视角

李燕临　彭　恺

计算机技术革命对人类社会产生了全方位的影响，以其为基础的技术革命带动了各行各业的深刻变革，中国动漫产业也随之日渐发展与壮大。计算机学科可以说是现代动漫产业的重要支柱之一。计算机图形学是现代动漫产业中的技术核心，是一切二维、三维开发软件及图形图像引擎的学科基础，人工智能技术则是未来动漫产业发展及各领域产业革命的大势所趋。

计算机技术、虚拟现实技术、数字图像压缩技术、数字音频技术的不断涌现及在影视制作中的大量应用，使影视文化正在逐渐成为多媒体的视像文化，极大地增强了影视的艺术魅力和传播能力，视像文化的发达充溢是信息时代文明表征的一个重要标准。当下，影视创作领域急需大量原创性高端动漫人才的加盟与合作，本文仅就影视动画专业技术型人才的教育与培养谈几点思考。

一　影视领域数字化高端动漫人才的现状分析

高端人才最重要的标志是其鲜明的创造性品质，尤其是旺盛的原创能力，对于高端人才来说是必不可少的。综观我国动漫产业的现状，除了缺少专家们指出的高端创意人才之外，技术研发的原创力欠缺，也是一个十分严峻的问题。比如，《阿凡达》制作过程中就使用了"表演捕捉"等5项技术革新，《功夫熊猫》也使用了当时最先进的计算机技术，而日本前些年上映的《最终幻想Ⅶ：圣子降临》，由于使用了当时最先进的技术，也使业界产生了不小的震动。前段时间美国 NVIDIA公司公开了一个名叫 FaceWorks 的演示软件，展示了表演捕捉方面最前沿的技术，该技术展示了前所未有的实时人脸渲染逼真度，预计对未来动漫市场将会产生重要的影响。相比之下，国产动画片却很少有重大的原创技术突破。

中国是一个人力资源大国，中国人不缺少勤劳，也不缺少智慧，可是为什么动漫高端人才如此匮乏呢？笔者认为要寻找高端原创性人才缺失的原因，首先要从人才培养机制这个环节上查找。到目前为止，开设动画专业的本科高校数量接近350所。全国一共1100多所本科高校，也就是说，超过三分之一的本科院校开设了这一专业。2012年5月西北师范大学传媒学院成立，也开设了动画专业，培养戏剧与影视领域所需的动画人才。虽然我院至今已制订出相应的培养计划，但仍存在教师队伍建设亟须加强，课程设置有待完善、教学设备欠缺等诸多现实问题。

目前，在招生这个人才培养的入口处，有不少高校都存在着模糊的认识。从近几年动画专业的招生情况来看，学科基础大部分都是建立在美术功底之上，对于动漫这种新兴学科来讲，美术功底固然很重要，但是单靠美术就想从这种跨学科产生的新兴学科里取得突出成就，显然是不符合现实的。也就是说，现行模式培养出来的动漫人才，其中许多人自身的知识结构不足以支撑高端技术的研发，结果只能用外国的现成技术，始终跟在人家的后面。如此这般，焉能抗衡！因此，发展动漫产业，我们需要有人文精神及科学技术的支撑。人文精神方面在此就不多说了。从科学技术方面来讲，现代社会产业发展离不开计算机技术的带动，动漫产业也是如此。计算机学科是现代动漫产业的重要支柱之一。如计算机图形学与人工智能技术，前者是现代动漫产业中的技术核心，后者则是未来动漫产业发展及革命的大势所趋。人工智能领域里，数据挖掘、计算机视觉、神经网络、机器学习等方向日趋成熟，以及更智能、更丰富的人机交互方式的发展已经开始影响整个动漫产业的布局。说得更严重一点，动漫软件开发人员对软件的更新，直接决定了动漫开发人员积累了多年的经验是否会被淘汰。而我们大多数院校培养出来的动画专业的学生，这方面的能力严重缺失，甚至是空白。有的人对计算机专业的学生报考动漫与数字艺术研究生，甚至采取排斥的态度，这实在是极大的偏见和误解。所以，笔者认为，高校动画专业应该对这几年的办学理念有一些反思，不论本科还是研究生招生，都应特别重视招收一些在计算机方面有天赋的学生进来，从人才培养的源头就开始下功夫。只有这样，才有可能使我国动画专业的原创性人才，既能完成艺术创作与创意，又有高端技术研发能力，培养出二者兼具的复合型动漫创意的高端技术型人才。

因此，对动漫产业的高端人才培养至少应注重两个发展方向，即技术研发人才与有人文精神的艺术原创型人才。我们不仅要培养能更好、更高效地使用动漫开发软件的人，还要培养出能开发本行业软件的人，只有这些人才存在，我们才有可能为了一部电影或一个片段去开发一套技术体系或一个插件，只有这样在影视领域才可能建立起由科学家与艺术家共同组建的创作团队。

二 高校培养与市场需求的对接与环境优化，促进动漫高端人才的成长

比起美国、日本等动漫产业大国，我国现代动漫产业起步较晚，业界生态环境和生态系统存在的问题较多，不利于该领域专业人才原创力的可持续发展。诚如中国传媒大学艺术学部动画与数字艺术学院教研室主任刘大宇先生所指出的："把量化标准作为重要指标，对业界产生了误导，急功近利的流水线生产，把人才当成加工车间里一个循规蹈矩的工人，原创怎么发展？即便我们一些学生专业上已经可与世界水平抗衡，可一旦进入业界就出现差距，非正常的生态系统无法提供良好的施展空间，更别谈养分了。"① 的确如此，许多人才进入公司后就失去了主动性，原创力在流水线作业中钝化、萎缩，不出几年几乎与常人等同。刘先生没有指出的，还有一个很现实的问题，即社会或者说市场对初出茅庐者的集体拒斥。原因很简单，人才刚出校门，一没有资本，二没有资历。没资历就没人信任你，不信任你就拿不上项目，要发展，谈何容易！

这些年动漫产业在我国如火如荼地发展，中国动漫产业发展报告公布数据显示：2013 年我国动漫产业总产值达 870.85

---

① 乔燕冰：《中国动漫需要高端人才》，《中国艺术报》2013 年 10 月 21 日第 1 版。

亿元，2014 年我国动漫产业依旧保持强劲的发展态势，总值超过 1000 亿元。据不完全统计，目前，全国从事动漫生产的企业以及涉及动漫业务的企业超过 2 万家，其中 90% 是中小企业，尤其以小企业为多。① 但是，这些光鲜的数据背后，却是小企业主们的辛酸史。我们都知道，任何事物都是由小变大的，都要经历一个成长的过程。对于原创型初创企业来讲，起步阶段往往面临资金不足的困境，大多都是初创团队有一技之长，自信可以通过创造力与技术的结合打出一片天，才敢于创业。然而现实是残酷的，这类企业的原创性开发往往得不到有力保护。同时，行业内大鱼吃小鱼的现象严重，有点实力的公司利用已经形成的规模优势用低廉的价格及小微企业不可能完成的服务进行竞争，很多企业为了生存，只能做外包，原创性备受打击。而更多的大学生创业团队及小微企业，在发展道路上更是举步维艰。

中国现阶段的动漫教育与中国动漫产业的需求并没有形成真正有效的接口，不断大规模培养的一批又一批动画专业的毕业生，是否真正培养出了当代中国动漫产业急需的各层次人才，其结果值得我们认真反思。人才走出学校，需要有一个市场继续培育的阶段，而我们没有这方面的深刻认识，也没有可以使人才脱颖而出的很有效的动力机制和对接的优化环境，无法保证这些人才走进社会后，其创造力的持续提升和发展。我国的动漫产业要有好的发展，就必须高度重视对具有原创力的创业者在起步阶段的政策与资金的扶持，相

---

① 刘映新、程丽仙：《授权难 获利小 资金少 盗版多——中小动漫企业的生存困惑》，《中国文化报》2012 年 3 月 22 日第 5 版。

关部门有了这样的战略眼光与相关举措，才能更好地促进动漫高端人才的成长。

三 对影视动画专业技术型人才培养的几点思考

我国的动漫行业，具有人文精神的艺术创意高端人才匮乏，能够占领技术研发制高点的高端技术人才也同样匮乏。这些已经成为制约我国动漫产业向高水平迈进的瓶颈。目前，我们究竟需要什么样的技术型人才呢？

一是能够占领技术研发制高点的高端研发人才；二是能满足市场需求的专业技术性人才，而高端人才培养的基地在高校，这就需要高校要有一个科学合理的具有前瞻性眼光的人才培养实施计划。

（一）科学定位，确立符合市场需要的动漫原创人才的培养目标

我国众多所高校之所以难以培养出具有原创性、高端的动漫人才，是因为我国动漫人才教育的模式已经滞后于动漫市场对人才的需求。培养的专业人才不能很好地适应市场的需要，说明我国动漫教育的定位发生了错位。这就需要我们首先应找准定位，确立科学的、符合市场需要的动漫原创人才的培养目标。

我们知道，动画基础课与专业课解决的是技艺问题。诚然，动画是以技艺为主的艺术，但若一个学生进校后只会画画、只会操作几个动画软件，则这种教育不能叫作高等教育。

南京师范大学陈传席教授在美国考察时曾对一些艺术院校做过调查。美国大学一些艺术系的课程设置文化课占60%：一门美术史占20%；文学（包括外语）、历史、哲学、美学等占20%；还有20%必须选数理化。这些课学好后证明你受过高等教育，具有高等的人文素质。剩下40%才是艺术专业中各门功课的总成绩。没有美术史和美术理论不能叫高等教育，技术不能提高人的素质，文化才能提高人的素质，只重技术不重文化便是培养工匠。所以动画高端人才的培养定位就应是：具有高等的人文素质，具有创新创造能力和实践能力。这给影视动画专业人才的培养方案制定提供了一定的借鉴思路。

高校动画专业可结合自身的优势和特色，确定科学的、符合时代发展需要的人才培养方案。在课程设置上应注重体现知识的复合性，夯实影视动画专业具有的"美术＋技术"的技能培养思路，重点抓好《影视动画创作》《动画剧本创作》《二维动画创作技法》《三维动画造型》等专业核心课程的建设。通过学院平台课、专业必修课、专业限选课、专业任选课、实践教学课的设置，使学生在自然科学和人文科学理论知识的学习过程中，拓宽自己的知识结构。不仅体现很强的专业方向性，而且应具有扎实的基础理论知识、较宽的相关学科知识和较强的实践创作能力、思考和解决问题的能力，具有横向和纵向的适应性，强调对学生创造能力的培养。① 我院动画专业课程的设置和建构也应融合这种思路，在现有基础之上仍需要不断充实与完善。

---

① 刘文清：《动漫高端人才教育研究》，《新闻界》2008年第5期。

（二）注重动画教学与计算机学科的融合，培养技术型创新人才

习近平在致国际教育信息化大会的贺信中说道："当今世界，科技进步日新月异，互联网、云计算、大数据等现代信息技术深刻改变着人类的思维、生产、生活、学习方式，深刻展示了世界发展的前景。因应信息技术的发展，推动教育变革和创新，构建网络化、数字化、个性化、终身化的教育体系，建设'人人皆学、处处能学、时时可学'的学习型社会，培养大批创新人才，是人类共同面临的重大课题。"计算机技术革命对人类社会的影响是全方位的，特别是近些年，其发展更是日新月异。动画专业自 20 世纪 90 年代数字动画兴起以后，就已经与计算机技术密不可分了，而我国大部分学校的动漫学科在这方面尚未实现与计算机学科的深度融合，大多仅停留在美术或传媒"加"计算机的水平上，仅仅利用别人现成的软件作为工具，没有从计算机与动漫的有机交融中不断激发学科增长的活力。

随着"大数据"时代的来临，跨学科融合的优势日益凸显，对于动画专业来说，与计算机专业的联姻显得尤为迫切和必要。我国开设动画、动漫专业的高校不算少，但大多数动画专业的基础都是在美术和影视传媒基础上发展起来的，基本是"八国联军"的结构方式，谈不上新知识体系的建立，缺乏长远的专业发展目标。在教学计划的课程设置和课程内容上，囿于传统的定式思维，结构不合理、教学内容不能及时跟进的现象普遍存在，甚至存在课程设置上的盲点，不能适应学科发展对技术型复合创新人才的需求。对于这类人才的培养，我们要

有前瞻性的眼光，有必要增设与动画专业联系紧密的计算机类课程，如计算机图形学、计算机编程基础等。通过课程的开设使学生在具备既有的动漫学科知识和能力的同时，又能够及时分享到计算机专业学科发展的成果；既能熟练应用相关的计算机软件进行动漫开发工作，又能了解动漫制作的深层原理，拓宽视野，有效提升创新能力。

（三）有效实施动漫人才分流培养计划

我国动漫产业要发展，必须落实动漫领域里的创新驱动战略，需要拥有我们自己的能够研发高端核心技术的高端人才，而市场发展则更需要大量的能够熟练应用现有软件快速、精准地完成项目要求，具有较强学习能力和专业技能的人才。要适应这种不同层次的需求，学校在动漫人才培养上，我们认为应该在通识教育的基础上，实施分流培养计划。不同层次的院校在培养重点上应各有侧重。

1. 能够占领技术研发制高点、拥有技术核心竞争力的高端人才的培养

我国的动漫产业要赶上世界先进水平，首要的是要有一批能够占据技术研发制高点的高端人才。不是说能开发出 2D、3D 软件，图形图像制作软件就是我们所说的技术高端人才，而是要么是能开发出业内觉得简单、高效、使用方便，运行效率高，效果完美的动漫开发软件及相关硬件技术的人，要么是能够研发相应的图形图像算法的人。例如，现在人们关注敦煌，对敦煌壁画的风格、色彩以及敦煌元素都在研究。如果有人能够开发出相应的渲染算法，导入 3D 模型后，只需要通过渲染就可以形成敦煌风格，这类风格的动漫产品的开发周期就

会大大缩短，应用范围也会得到拓展。像这样的人，就可以说是占据了该领域技术研发制高点的高端人才。有些人可能会说这个应当交给计算机人去实现，但是殊不知当前时代的主流是学科深度融合，动画专业的高端创新人才既需要具备专业的知识和能力，又需要具备计算机专业的知识和技术，也只有这样的人，在开发和创新软件时，才能够更为精准地考虑到动漫专业的真实需求，这也就是我们常说的结合度问题。

对于这类人才的培养，需要开设计算机图形图像学、C/C++程序设计、算法设计、SDK 开发基础与 API 调用方法及动漫学科前沿技术展望等课程。国外许多知名的动漫软件开发公司在介绍自己的实力时，都提到自己有一支优秀的由计算机科学家、艺术家、软件工程师和行业专家组成的研究团队。艺术与计算机的结合，这是一个成功的经验。同时，有必要了解机器学习理论。其中"深度学习"是当前的热门领域，现在很多前沿的特征提取都是通过深度学习、大数据等手段实现的。比如在未来我们需要建一个狗的模型，很有可能不再是一步一步从头开始建模，也不是从现有模型库中调用某个模型，而是通过输入特征描述，甚至发一个实物图片，计算机就会自动调用特征库产生相应的初始模型，动漫开发人员只需在这类模型上进行细微改动就可完成建模工作。这样的技术研发，将会大大缩短动漫作品的制作周期并降低生产成本。

2. 能够快速、精准完成项目具体要求，培养具有较强学习能力和专业技能的人才

我国动漫产业这些年发展较快，企业需要更多能利用 PS、CINEMA 4D、MAYA、AE、NUKE 等软件迅速完成任务，实现导演创编意图的专业技术人才。对此，确立动画教育教学改革

的思路为：一是对这类人才的培养，在课程设计上应当增设 HTML5 + CSS3 课程。目前，HTML5 正在逐步占领 Flash 的市场，大有取代之势。2015 年 1 月，全球最大的视频网站 You-Tube 发表声明开始默认使用 HTML5 播放视频，现在市面上的主流浏览器，也都支持 HTML5 标准，有些人甚至认为它将取代 APP，成为移动端的主流。同时，还应开设 JavaScript 脚本编程课程，因为在 AE 及一些工具软件中不会脚本语言就无法编写表达式，甚至在没有模板的情况下想做当前流行的 MG 动画都成问题。二是创新灵活的教学模式，运用项目教学法有效提高学生的专业技能：以项目为主线，教师为主导，学生为主体，教师和学生充分互动，教学相长，共同提高。三是高校动画专业授课上不仅要考虑工具软件的教学，还应当实行产学研相结合，探求公司和学校联合办学的合作模式。

（四）加强原创能力培养，积极参加实践活动，提升动漫创作能力

就目前动漫领域的现状而言，我们培养的技术型人才大多是低端技术型人才，这些人只是学会了如何去操作某几个软件，其中不少人甚至还没达到会"用"的水平，更别提如何去高效、快捷地使用某种软件做出优秀的作品了。针对动画专业学生原创能力薄弱的现状，高校影视动画专业在教学中应充分重视对学生动漫原创绘制能力和艺术综合素质的培养，积极提升学生的原创能力，这将直接或间接影响学生的就业和创业的成功。学生在借鉴和学习国外先进动漫创作理念及技法的同时，也要对具有中华民族气派和学派的艺术精神进行挖掘和发扬，创作出具有中西融合、古今贯穿、寓意丰富的艺术作品。

同时，在设备使用方面努力创造条件，鼓励师生参与动画片、广告大赛等实践创作。开展与我们传媒学院所开设的相关专业师生的沟通与合作，强化现有专业师资力量、办学条件的互相渗透、支撑互动。如与广播电视编导学生合作，自编、自导、自创一些动画实验短片，参加各类动画赛事。通过创作实践过程，能极大地提高学生的剧本导演、原画动画渲染、合成配音录音等专业技能，拓展知识视野，把他们培养成为合格的复合型动画人才。如 2014 年 10 月，我院 2012 级动画班参与了第十二届中国大学生广告艺术节学院奖企业命题竞赛活动，并获锐澳鸡尾酒"创意伙伴奖"。

　　近几年来，学院已先后跟多家媒体机构、政府部门、企业、社团建立了良好的战略合作关系，成功建立了一系列有助于学生实践能力培养的实训基地。如我院最近与读者动漫校企洽谈了合作交流之事，将在剧本创作、动画制作、文化资源开发等方面开展全方位的合作。这种合作为学生提供了一个很好的专业实训平台，将有利于学院动画专业的迅速发展。

（五）动漫人才的宽口径培养模式

　　自 20 世纪 90 年代中期以来，素质教育在我国高校受到普遍的重视，宽口径、厚基础、强能力成为一种共识。动画专业虽然是近年来才在高校开设的一个新兴专业，但同样也存在人才培养上的宽口径问题。游戏和动漫都是随着计算机技术发展而出现的新兴学科，二者有着密切的互补和共通关系。因此，动漫人才培养不应当拒斥游戏的加盟，实际上，在近年游戏市场迅猛发展的大背景下，游戏开发业已经成为动漫人才成长的重要土壤。同时我们也应当关注虚拟现实技术的发展，随着微软最新虚拟现实技术 Holograms 以及增强现实眼镜 HoloLens 的发布，虚拟现实领域产业化的春天似乎也已到来，动漫产业在这方面有着极大的发展空间。动漫人才的培养和就业要不断拓宽思路，不能故步自封，更不能作茧自缚。

四 影视动画专业发展前景与数字化技术展望

　　未来是"大数据"时代，是数字化的"智"作时代，是人工智能、机器学习和数据挖掘等技术迅速发展所驱动的一个历史进程。这个进程要求我们将信号转化为数据，将数据分析为信息，将信息提炼为知识，以知识促成决策和行动。诚如牛津大学网络学院互联网研究所维克托·舍恩伯格教授的《大数据》一书中所认为的那样，"大数据"会改变人们的行为方式、思维方式乃至价值观念。① 在这样的时代背景下，动漫产业也必将迎来更先进、更迅猛的技术革新。在这些技术革新中，网络技术的发展显得尤为突出。其中 HTML5 和 WebGL 标准已经形成规模，前者经过近 8 年的艰辛努力，标准规范于2014 年 10 月 29 日最终制定完成，已经得到市面上绝大多数网络浏览器的支持，广泛应用于网站、视频播放、网页游戏、网络动画等行业。而后者作为一种 3D 绘图标准已经得到了AMD、爱立信、谷歌、Mozilla、Nvidia 以及 Opera 等公司的支持。这两项技术的发展已经对传统的交互式矢量图和 Web 动

---

　　① 转引自于平《大数据时代的艺术学对策研究》，《中国艺术报》2013 年 7月 10 日第 3 版。

画标准——Flash 产生极大冲击，众所周知，2012 年 8 月 15 日，Flash 宣布退出 Android 平台，正式告别移动端。Adobe 公司负责 Flash 平台产品开发的经理比尔·霍华德如此写道："今天，谷歌公司推出了面向安卓系统的测试版 Chrome 浏览器。正如我们在去年 11 月份所宣布的那样，Adobe 公司将不再开发针对移动版浏览器的 Flash 播放器。因此，移动版 Chrome 浏览器将不再支持 Flash 内容。"非常不幸的是，在丢掉移动端的同时，Flash 连 PC 端的优势也将可能辉煌不再。Adobe 公司也承认，HTML5 是创建丰富移动网络体验的未来标准，这就是技术革新所带来的产业革命。

　　社会发展日新月异，影视创作更需与时俱进，技术创新将使影视艺术的舞台变得更加生动、富有活力，让更多年轻人的目光重新聚焦影视这充满传统韵味和神圣的艺术殿堂。高校影视动画专业的人才培养目标与教学变革视角必须适应中国市场经济发展与动漫产业的需求，努力培养出大批具有民族艺术特性的应用型动漫人才，相信中国的动漫文化终能站在世界艺术舞台的前沿！

动态视觉数字影像艺术的
跨学科发展

王　绯

一　动态视觉数字影像艺术的学科交叉融合

　　动态视觉数字影像艺术是由动画及视觉传达设计等与视觉艺术有关的不同学科交叉延展而来的产物。以前许多人对动画的认知停留在美术影视片中，其实动画是一门具有幻想及创造性的艺术，能实现和满足各种不同的需求。"动画"一词最早源于"Animation"，是"赋予……灵魂"、"让……活起来"的意思，简单来理解，"动画就是动起来的画"。例如，由上海美术电影制片厂制作的动画片《九色鹿》就是根据敦煌壁画的佛本生故事《鹿王本生》改编制作的，这种让图片中的角色活动起来并叙述一段故事的美术片是集文学、美术、戏剧、音乐、电影、数字媒体、表演等为一体的综合艺术。这样的动画其实更准确地说应称为动画片。当然随着信息时代的发展与科技的创新，动画这种动态视觉艺术已经不仅应用在表达叙事性的美术影片之中，它还可以应用并呈现在更多需要动态表达的非叙事性艺术作品中，如在影视中的应用、交互界面中的应用，还有空间展示中的应用，甚至打破传统视觉传达艺术设计的表现方式，呈现出多样的动态化语言，如德国在2000年汉诺威举办的世界博览会中就已经在其静态标志中加入动态的视觉艺术形式来创造新的信息传达方式；而GIF是一个动态的图片格式，这种图片本身就是在数字媒介中传递和表达信息的，伦敦著名的最具影响力的萨奇画廊也将GIF动画（见图1）认定为"动画摄影"，并专门为此设立一个奖项来鼓励这一领域的创作，这个"动画摄影"其实就是动态视觉数字影像艺术的一种；还有动态海报设计、动态电子书籍设计、动态图表信息设计等作品也都成为了动态视觉数字影像艺术。这样，动画的概念也早已由原来狭义的美术片变为加入多种呈现方式和借助多种媒介载体，让视觉艺术元素由静止转变为加入时间及空间维度的动态视觉数字影像艺术。而视觉传达艺术设计也由原来以纸媒介为主的静态视觉信息表现方式，转换为以数字媒介为载体，动态视觉数字艺术影像为主的视觉信息表达形式，因此，动画与视觉传达设计的这种跨学科的交叉融合造就了数字化的动态视觉影像艺术。

图1 伦敦萨奇画廊"动画摄影"获奖作品的静帧截图

二 动态视觉数字影像艺术的产生

（一）数字信息时代发展的产物

以往，视觉传达设计以静态设计作品的传达方式呈现信息，具有较好的传播效果，如静态海报、标志、书籍装帧、DM 邮寄广告设计等。在信息爆炸时代，人们最初只是对大量烦琐的文字信息堆积感到困惑，因为在大量的文字信息中很难迅速找到所需要的准确信息，所以，能否将信息以最快捷准确的方式传达出去，让受众方便简单地理解信息的主要内容，是视觉传达设计早期的工作重心。在许多平面静态艺术设计中充斥着对大量信息进行转换后的图形化视觉艺术设计语言，这些都是对传达的信息进行提炼之后产生出来的静态视觉语言，这种以静态视觉影像艺术为语言形式传达给受众的方式，是早期视觉传达设计最主要的内容。而随着时代的发展变迁和科技的创新，人们发现在艺术设计学科中开始出现了学科交叉，如上文中提到的动画与视觉传达设计艺术的交叉，并在新媒体、新技术的支持下，出现了许多新的视觉传达表现领域，例如，网站设计，就包括了静态、动态与交互三种方式的数字媒体艺术设计等，还有以动态为主的广告艺术设计中的信息都是以动态视觉数字影像艺术语言呈现的，这样，就改变了以往受众在静态的视觉影像艺术设计中接受信息的方式。一方面，动态视觉数字影像艺术，是打破了常规二维空间，并加入了时间维度进行主导，受众在观看参与这些动态视觉数字影像艺术时，会随着动态的发展过程捕捉信息，所以，这些交叉后的表现方式呈现并关联着新的艺术设计领域；另一方面，在视觉信息爆炸时代，人类已经对大量静态文字与图片感到厌倦，反之，具有动态表现形式的数字化的动态视觉影像艺术，通常令人具有全新的体验感，即在静态的、二维的表现形式中加入了多维度和多感官体验，打破以往单一的视觉形式，转变成视觉、听觉、触觉等多种知觉的全方位感知，这是随着时代的科技发展及人类的主观选择必然产生出来的一种新的动态视觉数字影像艺术，它的传播媒介及传播主体内容可以不受空间与时间限制，能实现无限传播，并呈现更丰富的视觉艺术效果。所以动态视觉数字影像艺术在对信息进行创作、承载与传播等艺术设计行为上具有更多的表现力，同时也在视听审美及思维方面延展出新的设计艺术形态。

（二）科学技术与艺术设计的结合

随着数字化的媒介及技术在社会中的应用逐渐增多，为动态视觉数字化影像艺术的产生做了准备。正如尼古拉·尼葛洛庞帝在其《数字化生存》一书中写到的，我们正从原子时代进入比特时代。非物质社会使艺术设计与科学技术结合并进行数字化艺术表现，因此造就了数字化的动态视觉影像艺术。科学史家乔治·萨顿曾将真、善、美所对应的科学、宗教与艺术比喻为一个三棱塔的三个面，认为当人们站在塔的不同侧面的底部时，他们相距很远，但当他们爬到塔的高度时，他们之间的距离就近多了。人类的发展是一个不断攀升的塔，随着科学技术的不断发展进步，以计算机技术为主导的数字信息技术将从不同方面影响现代人的生活，在非物质社会中，技术已成为艺术化的技术，艺术也已成为技术化的艺术，在这个技术对艺术发展起着推动作用的时代，技术不仅给艺术创作提供很好的支撑，而且还提供了新的表现形式，艺术与科技结合，能创造出传统表现方式无法比拟的新的表现形式。当今，许多艺术院校也都陆续开设了艺术与科学等类似的专业课程，许多艺术形式已经离不开科学技术的支撑，科技为现代动态视觉数字影像艺术做了许多技术准备，如由美国麻省理工学院媒体实验室（M. I. T. Media Laboratory）美学与运算小组（Aesthetics Computation Group）的 Casey Reas 与 Ben Fry 创立的专为设计师和艺术家使用的互动编程媒体制作语言 Processing，无须太高深的编程技术便可以实现梦幻般的静态与动态的视觉展示及媒体交互作品，只需要一段代码程序，就可在软件界面中实时看见创作效果（见图2），这样的编程就可以很完美地将科技与艺术结合起来。Processing 已经在国外许多院校使用，利用这款互动媒体制作语言，制作动态视觉数字影像艺术的艺术设计家通过学习简单的编程语言，便可创作编辑自己的数字互动及动态视觉影像艺术设计作品，如设计师任远的作品（见图3），就是最典型的案例，他的作品都是利用科学技术表现艺

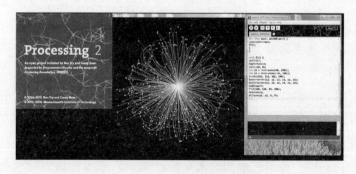

图 2　Processing 欢迎界面及编辑界面

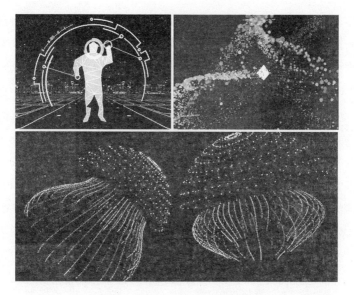

图 3　设计师任远用 Processing 代码制作的数字动态视觉
艺术作品

术，寻求艺术与科学的统一。

三　动态视觉数字影像艺术的学科跨界发展

（一）非叙事性动画的产生

以往大部分动画作品是以叙事性为依托呈现出来的，如
我国短片水墨动画《小蝌蚪找妈妈》，叙述一段生动的故事
情节，从前期策划、剧本、分镜到后期剪辑合成，除了片中
角色和场景是用艺术造型创作出来的非真实生活表现以外，
其他与常规影视作品创作方式一样，为了区别这种叙事性动
画片与真人表演影视作品的不同，早期中国把它定义为美术

片，属于电影的一个分类。但是，近些年国内外都已经出现大量的非叙事性动画，这种没有故事情节的动画通常是以实验性质的方式出现的，例如，1962年国外最早创作的底片直绘动画《水平线》就是通过在底片上绘制简单的平行线，然后通过音乐节奏进行变换，将平面构成元素加入时间和空间转变为动态化的构成方式，这使动态视觉数字影像艺术有了新的拓展。非叙事性实验性动画已经可以称为动态视觉数字影像艺术了，它对动画的外延做了更多的诠释。日本2003年的非交互艺术类别的大奖中，入选的两部大奖动画作品《微观世界》《泉》（见图4）都是以非叙事性的实验动画艺术表现方式呈现的，形成了动态视觉数字影像艺术的开端，可见人们已经找到了动态视觉影像艺术的另一种表现形式。这种以平面构成为依托，加入时间和空间的动态构成，使以往静止的平面元素以动态的方式在时间、空间维度中出现，并进行排列、组合、变化，却不以叙事方式为主，而呈现出实验性、非主流的动画表现形式，是平面构成设计与动态视觉设计的产物，而将所有静止的视觉影像艺术元素转换为动态视觉影像艺术元素，造就了非叙事性动画的产生。

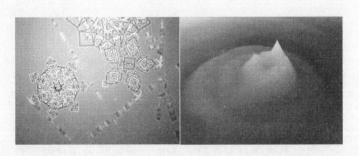

图4　日本非交互艺术类别大奖动画《微观世界》《泉》

（二）大数据时代信息设计艺术的可视化

信息及信息设计艺术学科是前沿学科，面对范围模糊、内容更加复杂的信息设计，呈现出了跨学科领域的设计研究，这需要更综合的设计方式，所以，除了平面设计、写作、编辑、插画等，也离不开动态视觉数字影像艺术的加入。人们每天都接收和创造整合大量信息及数据，大数据时代已经来临，在2012年，大数据一词就被越来越多的人提及，人们用它来描述和定义信息爆炸时代产生的海量数据。而数据的"人脑可视化分析"、"微博人际关系拓扑图"、"科学研究中微粒子的结构模拟"已经造就了信息可视化的趋势，这种信息数据可视化成为大数据时代的一种关于数据视觉表现形式的研究，借助图形化，清晰有效地传达与沟通，将传达思想概念、美学形式与功能全面地表现出来，产生出静态数据可视化信息图与动态互动数据可视化信息图（见图5、图6）。

以往的信息统计基本以静态的数据可视化图表设计为主，但是随着数据的剧增和过快变化，静态数据可视化的信息已经不能满足社会发展的需要，而具有交互式特点的动态数据可视化就采用了人机互动的动态视觉影像艺术的设计形态，这样的数据可视化在数据交互设计中发挥着重要的作用。因此，动态视觉数字影像设计已经渗入到视觉设计艺术及生活的各个领域，并呈现出跨学科交叉趋势，它承载着新的视觉艺术发展的方向，也将带来更好的、全新的视觉体验，在大数据信息化的社会里，同样扮演着重要的角色。

数字化社会中，经济、信息、技术的发展，使得各学科之间的界限变得模糊，学科交叉研究成为未来发展的趋势，而动

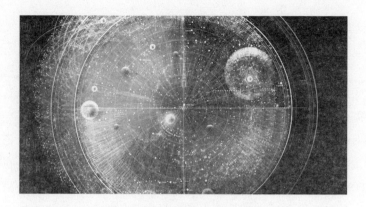

图 5　静态数据可视化信息图

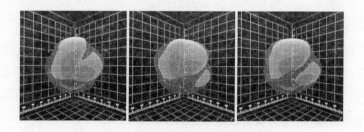

图 6　动态互动数据可视化信息图

态视觉数字影像艺术就在这样的背景下产生，动画、视觉传达设计，计算机科学与其都有密切的关系。这也为未来的学科发展提供了更好的条件。而动态视觉数字影像艺术的产生，一方面，是数字信息时代发展的产物，在数字化信息时代，传播媒介及传播信息的方式都在变化，人类主观地去选择更适合的方式来获取信息；另一方面，在科技与艺术融合的时代，技术作为工具为艺术提供更多更新的表达方式，而学科之间交叉融合使得数字化的动态视觉影像艺术具有更多的可实现性，也是跨学科交叉融合发展的必然趋势。

浅谈播音主持专业课程改革

张立潮

一 播音主持专业人才的定位

（一）国内外发展前景及现状调研

我国的播音主持艺术教育最早可追溯到 1957 年中国广播事业局播音员训练班。作为高等教育的组成部分，始于 1963 年北京广播学院新闻系创办的播音班，后改为播音系，至 1996 年 9 月 16 日成立播音主持艺术学院。随着我国传播事业的发展，这一专业经历了迅猛扩张。

1. 全国的开设概况

随着高校扩招的热浪，中专、高职、本科、双学位、研究生等不同层次的主持专业如雨后春笋般兴起，近几年来全国各地开设了播音主持专业的高校，保守统计已超过 120 所。甚至一些工科院校以及公办民助高校也积极开办播音主持专业。2007—2010 年，扩招仍在继续，开设播音与主持艺术专业的院校仍在增加……目前涉足于本专业教育，且有一定规模与影响的学校大概有两类：一类是像中国传媒大学、上海戏剧学院、浙江传媒学院之类的专业性大学；另一类则是以东北师范大学、华东师范大学、复旦大学、陕西师范大学、西南大学（原西南师范大学与西南农业大学）为代表的综合性大学。专业院校的优势在于学科专业师资力量较强，生源质量较高。综合性大学的优势在于具有比较深厚的自然、人文、社科等综合的学科教育资源，劣势在于生源质量不及前者。除上述两类院校外，体育类院校、工科院校、高职院校亦有不少学校开办了播音与主持艺术专业。[①]

2. 就业概况

专业培养目标基本上都是为电视台培养播音员和主持人。但现实的状况是：大量优秀电视节目主持人都并非播音与主持艺术专业的毕业生。2007 年中央电视台评选的 20 名甲级与乙级的优秀播音员与主持人中，其中 3 名为播音员，17 名为主持人。在 17 位主持人中，仅有 4 位（在主持人中占 23.5%）毕业于播音与主持艺术专业，其余 13 位（在主持人中占 76.5%）都是毕业于广播电视、新闻、经济、法律等人文与社会专业。另外，有相当一部分毕业生在司仪、礼仪、公关、前台、文秘等行业就职……

3. 毕业生得到的评价

正面评价：在基本功方面（如用气发声、吐字归音、语言表达、新闻播音等方面）奠定了扎实的基础，专业学生经过长期的有效训练，可以明显扩展音域、美化音色、增强语言表现力，符合职业规范要求，较之没有接受过专业训练的人在

---

① 吴郁：《电视节目主持人的综合素质研究》，中国广播电视出版社 2007 年版，第 142 页。

语言规范及发声美化度方面占有很大优势。

负面评价：一是"上手快但后劲不足"，原因是播音主持专业学生在校时较多注重语言表达的有关训练，而对于人文知识的积累不够；二是"先天不足"，原因是随着广播电视节目的深入、多样化发展，更需要复合型的、有生活阅历的主持人，该专业毕业生知识结构单薄；三是"产品不对路"，原因是许多"主持人"专业是按"播音员"的标准生产的，根本原因在于教学过程注重"怎么说"忽视"说什么"，于是，播音与主持艺术专业培养了一个个会发好听声音的"肉喇叭"。良好的形象、动听的声音、优雅的气质成了他们打开工作之门的"钥匙"，为他们提供了更多的机会。然而，大众对主持人的需求，绝不会仅仅停留在"赏心悦目"的"花瓶"层次，他们更需要有丰厚文化底蕴和人生智慧的主持人。

（二）播音主持专业的学科特点探究

第一，播音主持专业不但具备了交叉性，也具备了独立性。广播电视播音主持自身并不是通过不同学科的简单叠加形成的，而是通过相互间的有机结合。新闻学、语言学、艺术学、传播学等都同播音主持专业学科具有关联，会发生学科间的交融和渗透。因此，我们在加强学科交叉性的同时，一定要有所丢弃和有所保留。将所有关于具备时间意义的部分集合起来构成一个严谨的学科内涵。内涵过于充分外延就会出现偏窄。播音主持专业应当是一个非常严肃的学科，完整的学科体系、扎实的学科基础、自由的发展空间，甚至是学科内容和表述方式的有效结合，都表明其具备了独特的学科地位。

第二，边缘性和重要性。如果说播音主持专业的基本理论是教会了人们播音主持的基本规律及社会功能，那么播音主持专业学科的目的就是要告知人们需要怎样依照广播电视的基本规律，更好地实现播音主持的社会效果。在播音主持专业学科的体系里，需要采纳更多的学科知识，不断地充实自己，以便确保自身在社会中所处的边缘性和重要性。当然，如果缺少了播音主持专业，一定会造成播音主持对社会机理及运行状况顺序的困扰。所以，播音主持专业在广播电视学体系里具备了异常重要的作用，在播音主持专业的教育当中也是十分必要的。

第三，应用性和理论性。应用性学科是直接服务于社会实践的学科，播音主持专业有非常强的实践应用性，可是它也具备了自身的理论性。播音主持专业的学科定位也具备了自身非常丰厚的科学价值及理论基础。对于理论的意识通常并非一次形成的，而是通过不断的社会实践进行完善的。我们之所以指明这些问题的所在，就是因为播音和主持的理论依旧在发展过程中，并且一定要将学科的定位思考视野变宽，通过相对成熟的理论对播音主持专业学科定位进行改造和完善。

二　播音主持专业学生能力体系的构建

（一）加强基础能力的培养

播音与主持专业的基础能力包括文化素养、外语水平、信息技术、政治素养和职业道德等方面。播音主持专业本身就存在若干发展方向，播音学本身既是独立专业，又是集新闻学、文学、语言学、播音学、技术等多学科于一体的边缘学科，同时与播音与主持专业相关的专业也有很多，如新闻专业、导游专业、文学专业、影视艺术专业以及教育学专业等，这些方向与专业的发展都需要高素质和综合化的人才，即使是播音与主持专业本身也需要特殊技能和学科的帮助，如法制类节目需要具有法律常识，体育类节目需要具有体育知识，教育类节目也需要主持人具有教育学和心理学相应的知识体系。而目前播音主持专业培养的学生大多能力单一，难以适应广播电视媒体单位和其他相关机构对人才的要求。解决这一问题的关键在于由通才培养转向专才培养，再由专才培养向复合型人才培养转化。只有优秀的复合型人才，才能推动广播电视事业的发展繁荣，扩大广播电视行业对人才的需求，增加就业岗位，从而从根本上解决本专业就业难的问题。

（二）扎实专业能力的学习

就播音主持行业来说，语言表达能力是人才培养的核心，是评价人才优劣的重要因素，也是播音主持语言评价的核心环节。不仅要评价其语言的基本功，例如，语音标准规范、清晰准确，声音健康朗润、掌控自如，还要评价播音主持人能否有效地传情达意，增强语言的感染力和表现力，达到以情动人的效果。播音主持人员要通过语言这一媒介，将观众带入特定的情景中，落落大方、举止文明，尽量做到零距离接纳、亲近化互动，使观众受到语言的熏陶与感染。播音主持行业由来已久，语言表达能力是播音主持人员的核心素养，语言评价始终处于播音主持评价的核心地位，是评判播音主持人员素质优劣的重要标准，从历史渊源来说，早在民国时期就形成了播音员语言的法令要求，并将这一法令贯彻到各个广播电台中，使每一位播音员都能够正确地运用国语进行表达，使自己的语言更加规范化。当时就已经把播音主持的语言评价作为评判播音人员的重要标准，凸显了播音主持语言评价的重要性。[①] 我国在 1992 年对播音主持人员进行了重新定位，实行持证上岗制度，并对播音员所需具备的各种素质做了详细的规定，如思想政治素质、语言表达能力和综合素质等。播音主持人员首先需要具备较强的文字表达能力，能够独立完成稿件的撰写。另外，对播音员主持人的普通话也做了严格的限定，要求普通话的使用必须标准规范、流利顺畅、字正腔圆，且吐字清晰，不能带有方言口音。播音主持人员也不能千人一面，要拥有自己独特的风格，这样才能给人留下深刻的印象。我国相关部门明确划分了普通话的等级，对播音员的普通话等级有不同的要求。具体来说，播音主持要有很好的语言驾驭力，须准确清晰、条理明晰地进行语言表达，吐字发音应规范标准。在播音主持人员的个性特征方面，鼓励形成自己的特点和风格，使自己的发音用声更有魅力，给听众留下深刻的印象。此外，播音主持人员要具备较强的语言驾驭力和应急调控力，能够借助语言的表达控制整个舞台流程的推进，能与观众很好地互动，使整个现场的气氛和谐热烈。以上要求表明，要想胜任播音主持工作，必须具备较强的语言能力，且能与观众产生互动，有独树一帜的个性特色。因此，促进播音主持学生提高语言表达和掌控能力，努力提高自己语言表达和掌控能力及语言修养的积极性。[②]

---

① 李梅：《播音主持语言评价问题研究》，《今传媒》2013 年第 10 期。
② 张天舒：《播音主持语言评价相关问题分析》，《青春岁月》2013 年第 7 期。

三 播音主持专业培养方式的改革

（一）完善学生知识结构，培养复合型人才

播音主持专业的语言和技巧能力是立足之本，良好的语音和发声基础永远都是播音主持专业学生的最基本的能力，因而教师专业课要认真教学，保证小班的人数定量和教学质量，合理控制每生辅导时间，尽量不出现有的学生的作业长篇大论地评，有的学生蜻蜓点水地过的现象。布置数量合理、训练有针对性的录音作业，让学生保持创作的积极性和新鲜感。教学时常常结合身边媒体节目中的播音主持风格的特点进行例释教学，方便学生取长补短并且将理论与实践平滑地衔接过渡。除了教育部规定的公共必修课程之外，高校播音主持专业设置的专业课程主要集中在播音发声、内外部技巧、即兴口语表达、广播电视播音主持、新闻播报及采编、文体播音、电视节目制作等，有条件的学校开设了其他各色各样的选修课，如美学、社会学、法学、金融知识的选修课。教师应注重学生专业知识结构的完善，应该启发鼓励学生充分利用学校的资源优势抓紧业余时间补充知识营养，比如：加强外语听说能力的培养，能胜任基本的外语采访；加强法律、金融等知识的积累，争取在某方面做一个内行人；或者训练自己在某方面的才艺，如舞蹈、歌唱、曲艺或配音；等等，因人而异。

（二）从重"单一技能训练"走向"文化内涵的整体培养"

电视传媒的转型以及观众收视心理的变化，都促使了主持

人的转型，当然也为播音与主持艺术专业教育提出了新的课题。当前从事播音与主持艺术专业教育的高校，既有中国传媒大学、上海戏剧学院、浙江传媒学院等专业性大学，也有华东师范大学、东北师范大学、陕西师范大学、西南大学等综合性大学。这些综合性大学以深厚的人文、社会科学教育资源逐渐在播音主持专业教学中形成了一定的优势，近年来这些学校逐渐受到考生的认可，也说明了这些综合性大学在专业教育方面取得的成绩。但是，与老牌的中国传媒大学相比，这些综合性大学在教育资源方面很难与之相提并论，而这些学校大多承袭了传媒大学的注重专业技能培养的教育模式，缺乏教育针对性，当然所培养的人才也就缺乏核心竞争力。综合性大学的播音主持艺术专业需要有明确的个性化培养目标，在电视日益走向分众传播时代，在主持人的专业化知识日益成为节目核心竞争力的当下，这为综合类大学播音主持专业的发展提供了很好的发展契机。对于一个主持人来说，要想适应电视传媒的转型，具备端正的形象、纯正的发音和良好的台风，仅仅是有了一个上台的前提，而在台上如何表现，坚持多久，则是内功修炼的结果了。因此该专业除了对学生进行语言的训练和形体的训练外，同时也必须加强文化素养的提升，多学科的涉猎是本专业学生的学习目标。综合性大学拥有跨学科的人文、社会科学等多学科的教育资源，这些资源是专家型主持人所必需的文、史、哲修养的教育基础，这也是传媒类等专业性高校很难比拟的。因此，对于综合性高校来说，应该将专家型主持人才的培养作为专业教育的核心进行打造。为了实施这样的培养目标，综合性大学在制定培养方案时，应当缩减专业必修课而增加选修课。必修课程的目标在于培养合格的播音员与主持人所应该具备的较好的语音素质以及较强的语言表达能力，即播、主、采、编四种基本能力。选修课课程则是根据学生的知识结构、兴趣与外形条件，为学生提供专业细分的课程培养。除了增加多学科的选修课程之外，还可以有针对性地帮助学生选择辅修专业或者第二专业的学习，比如经济学、社会学、心理学、体育学等，如此，学生在具有良好的播音与主持技巧的同时，还具有某领域的专业学科知识，他们就可以朝向专业性主持人道路发展。[1]

---

① 付程：《21 世纪对播音主持艺术专业教育的要求》，《现代传播》2001 年第 1 期。

新媒体语境下新闻写作
教学的一点思考

陈旭红

新媒体的发展使得当今社会的新闻生产方式发生着变化，作为新闻生产链条上的关键一环，新闻写作教学也需要一些新的气象。

一　新媒体与新闻生产方式的变化

新闻生产指新闻机构及从业者对新闻的选择、加工与传播三大主要环节，由生产主体、生产客体以及所形成的生产关系构成。由于新媒体的迅速发展，新闻生产的链条已发生显著变化。①

第一，新闻生产主体的多元化。

新媒体即"所有人对所有人的传播"，改变了传播主客体的关系。新闻生产历来都是少数人的权利，今天，"公民新闻时代"已经宣告来临。这种改变颠覆了新闻专业人员对新闻

①　操慧：《脱域：互联网时代的新闻生产》，《四川大学学报》（哲学社会科学版）2012 年第 3 期。

生产的垄断。但这样的变化既是挑战也是契机。多元的新闻生产者弥补了重大事件记者不在场的缺憾，同时也促使专业的新闻从业者重新审视自己的社会角色，不断革新。

第二，新闻生产客体的无序性。

传统新闻传播主要以报纸、广播和电视为主要渠道，新闻生产客体经过专业的生产主体的严格筛选。而今天，新媒体已经大部分转移了新闻传播的渠道，网络、手机、iPad 等已经成为新闻传播的新渠道。渠道的便捷性使更多的未经专业筛选的内容充斥在媒体上，一时呈现出多、杂、乱的无序状态。

第三，新闻生产关系的交互性。

新媒体开创了一个新的时代——互动式数字媒介的时代。传统的新闻生产中，除了新闻采集中有限的记者与受众的交往，新闻生产基本发生在封闭的空间内。新媒体时代，新闻记者被淹没在了公民记者当中。新闻生产主体通过生产客体不断与受众发生联系，甚至，交互性已经成为新闻生产动态链条的纽带。

第四，新闻生产手段的融合性。

新媒体时代也是媒介融合时代。媒介融合时代，记者在进行新闻报道时不再是面对单个终端，而是多个传播终端。新闻生产的手段已趋向多人、多种技能和多种技术手段的融合。新闻写作是新闻生产最重要的一环。但目前，我国新闻写作教学大多是由实践经验不足的学院派教师担任，新媒体技术的掌握滞后。另外，学生大多还是先学理论后进行实践，真正的新闻写作恐怕要在大三实习阶段才开始。这种方式已不适应新媒体所带来的新闻报道方式的变化。

二　新媒体语境下的新闻写作教学

（一）强调新闻专业主义

专业主义体现工作者对自己工作的基本信念和态度。无论媒介如何发展，其传播新闻的功能、服务公众的目的不变，所以新闻专业主义的核心仍然是客观的报道新闻，用新闻的力量推动社会进步。这样的精神内核在新闻教育中应居于首位。传统的新闻写作课程多重视新闻写作技能的训练，忽视专业主义的强调。新媒体时代的新闻生产变得更加开放，新闻写作课程更应强调新闻专业主义精神，强调新闻的真实性和客观性要求。①

（二）教学内容

首先，要强调新闻标题与导语的写作训练。新媒体有着即时、互动和聚合等传播特性，这样的传播特性也塑造了受众的刷屏习惯。因此，为了尽可能使报道受到关注，新闻写作课程更应重视标题与导语的写作训练，让受众在第一时间就被标题或导语吸引。

其次，增添新媒体新闻写作内容。目前，我国新闻写作教材多未涉及新媒体写作内容，这造成了学界与业界的脱节。因此，在新闻写作教学中应该根据新媒体现状增添新媒体新闻写作内容，尤其是社交媒体写作。

---

①　肖娜：《谈新媒体视域中新闻写作的教学改革》，《新闻研究导刊》2015年第7期。

再次，应培养学生融媒报道能力。新闻生产手段的变化要求新闻人才具有融媒报道的能力，具体来说，要求学生掌握新媒体技术，如数字合成技术、4G 和非线性编辑等。这么多的技术在新闻写作课中实现是不可能的，这就要求有技术类的课程，新闻写作课程主要锻炼学生融媒报道的能力。

最后，要训练学生网络沟通能力。新媒体时代，新闻生产关系的交互性要求新闻专业人才还应该具备良好的网络沟通能力。交互性增加了传播者之间的沟通，也考验着新闻专业人才与受众的沟通能力。这种沟通能力已经不是传统意义上的新闻采访能力，而是基于互联网技术的网络沟通能力，例如：利用 Facebook、微博等搜集新闻的能力；进行调查的能力；利用社交网站发起讨论的能力；等等。

（三）利用新媒体进行教学

新媒体既是学生可能工作的终端，又可以成为新闻写作课程的教学手段。

首先，可以利用新媒体开发新闻写作的教学资源。一方面，教师可依赖新媒体获得最新的教学案例；另一方面，课程要求学生下载代表性的新闻客户端，现场进行案例分析等。

其次，可以利用新媒体实行交互性教学。新媒体的交互性要求新闻专业人才有良好的网络沟通能力，课堂上利用新媒体进行交互性教学，教师将案例或链接发布在微博、微信上，要求学生通过微博、微信提出问题，进行评论或转发。

再次，可以利用新媒体进行写作实战。所谓实战，即真枪实弹地进行新闻采写、发布。以往的写作课程训练，在新闻发布环节就停止，难以训练学生的新闻职业性。新媒体改变了新闻媒体对新闻发布的垄断，这就使得学生可以早日进入角色，不仅进行新闻采集、写作，最终还可以通过微博、微信等新媒体进行发布，以获得新闻市场的检验。

　　总而言之，新闻写作是记者生存和参与公民新闻时代竞争的必备技能。新闻写作课堂应通过新媒体的深度介入和学生对于新媒体的深度参与，激发学生的学习热情，发展新闻写作才能。

融媒背景下《新闻评论》课程
教学改革探索

郭 华

随着互联网日益普及，电视、报刊与网络等媒介呈融合趋势，国内新闻评论界也发生了一些重要而深刻的变化，其改变了新闻传播模式，也改变了新闻工作者的角色定位。新闻评论在高校新闻学专业主干课程构架中居于核心位置，是应用新闻学的一个重要分支，是一门集实践性、理论性、思想性于一体的学科。因此，新闻传播教学的方式和内容也应随之革新，媒介融合给新闻评论教学带来了机遇和挑战。传统的新闻评论教学已表现出诸多局限和弊病，其教学理念、教学目标、教学模式亟须改革。因此，如何培养出具有高新闻敏感度、独立的思考能力、出色的评论素养和全媒体写作技能的新闻评论人才，使高校新闻评论教学与时俱进，跟上全媒体时代新闻实践的革新步伐，是学界和业界应共同探索的问题。

一 传统新闻评论教学不足

20 世纪 50 年代中期以前，行为主义学习论在学习理论的研究中占据着主导地位。它把教师放在主体地位，强调知识的灌输，认为学生只是灌输的对象、外部刺激的接受器、前人知识与经验的存储器。传统的新闻评论教学正是这种行为主义学习论的产物，以传统的填鸭式教学为主。呆板的所谓写作方法指导，要求死扣命题的审题，以及用刻板的公式化评分标准来评判文章优劣等。在这样的教学方法下，课堂缺乏互动性，重理论讲述，轻实践教学，不能很好地开启学生的想象力和创造力，从而使得学生思维呆滞和僵化，思路闭塞，写作灵感严重匮乏，写出来的文章单调、乏味。每次上评论写作课时，老师会清晰、详细地讲解各种评论类型的写作特点和方法，然后布置作业，而学生就按照老师课堂上分析的内容，遵照评论文章的写作规范完成作业即可。长此以往，学生的创造力和独到的思维能力也就受到了严重抑制，学生的依赖性也越积越深，一切唯老师的要求而学习。这样，学生的个性特长、潜质潜能也就会在这枯燥、单一的课堂教学中消磨殆尽。

新闻评论教学在认知上也存在局限，部分高校的新闻评论教学存在这样一种认识：新闻评论是一种无法言传的文体，主要取决于学生的兴趣、视野和悟性，新闻评论教育似乎处在一种可有可无的尴尬状态。基于这种认识，部分高校特别是地方院校，不愿把有限的资金投入到新闻评论实践教学中，造成高校新闻评论课所谓的实践教学环节只是简单的课堂练习，徒有形式，不重实效。除了对实践教学的重要性认识不足之外，高校传统的新闻评论教学在讲授内容的选择上也存在偏颇认识，只限于解析国内范畴的评论，不讲国际问题或外国的评论，这就限制了学生的全球化视野和对媒介融合趋势的清晰认知。

新闻评论教材过于陈旧，甚至没有评论版、广播电视评论和网络评论等与时俱进的评论种类，与当下传媒业的发展严重脱节，缺少对学生评论思维的拓展训练和基于感性认知的课外实践。

同时，如今信息过剩、观点稀缺，新媒体在信息传播的时效性上远胜于传统媒体。在这样的背景下，"深度"、"多元"、"鉴别"、"解释"、"观点"是传统媒体的核心竞争力，"独家评论"也越来越成为新闻媒体在竞争中制胜的法宝。与媒体新闻评论的繁盛相对的，是新闻评论人才的凋敝。而高校为新闻媒体输送的新闻专业学生在新闻评论实践中，多表现为评论视角狭隘，不能生产"独家观点"，缺乏实干经验，暴露了高校新闻评论教学的薄弱和与实践脱节的问题。可见，传统的新闻评论教学难以适应融媒时代媒介发展的需要，应在教学理念、教学模式上不断探索。

二　融媒背景下的新闻评论教学改革

（一）突破教师的单一角色

笔者在新闻评论课的教学中，遇到一些学生，他们对从新闻评论的概念到新闻评论的标题、结构、语言等应该怎样安排都了解得一清二楚，对经典的新闻评论文章也能分析得头头是道，但就是不会自己动笔写评论，不知从何入手。学生自己的解释是对写作新闻评论没悟性、没潜质。之所以出现这种尴尬的局面，笔者认为与教师的角色局限有着很大的关系。《中国青年报》评论员曹林提出了一个尖锐的问题，他认为："一个作者如何写好一篇作品，你很多时候无法根据作品这个结果去逆向还原出他是怎样写好这篇评论的，仅能根据自己的想象去分析别人的写作经验，这种逆推出、想象出的经验是死的教条，而不是可以复制和内化的活知识、活经验。"① 这指出了新闻评论教学一个根本缺陷，即传统的新闻评论教学往往只面对作品，却忽略了作品形成的过程。因为现有的一线评论教师大多是研究型的，很少有评论的从业经验。这些教师或许可以在技术层面对新闻评论进行理论性解析，却很难将作者的思维过程清晰地呈现出来。因此，新闻评论教师要多参与一线的新闻评论写作、策划、制作等活动，以个体经验和责任心引领学生走进新闻评论的世界。如果评论教师在进行案例教学时能以自己写的评论为例，与学生分享自己的写作思维、写作体验，这种直观鲜活的教学模式就很容易使学生进入写作状态。此外，评论教师也应该具有提升与总结理论的能力，将自身实践经验提炼成概括性和系统化的规律，用理论化的形式表达出来，使学生能够感知、把握和借鉴，真正做到理论和实践相结合。

（二）树立"融合"的教学理念

目前，"融合"已经成为媒介未来发展不可逆转的大趋势，我国高校的新闻教育也应该反映融合时代传媒大环境的变化。对于新闻评论教学来说，树立"融合"的教学理念，应在教学内容的安排上、教学案例的选择上符合媒介融合的实际，在进行案例教学时要摒弃早已失去时效性的教科书案例，多挑选偏向新媒体领域、多媒体平台的鲜活评论案例，培养学生全媒体的思维方式，增强其实际应用能力。

此外，在融媒时代，还要注重提升学生非技术层面上的评

---

① 曹林：《时评写作十讲》，复旦大学出版社 2011 年版，第 255 页。

论素质。新闻评论课程除了教会学生不同评论种类的分析与写作能力之外，还要培养针对新闻评论的媒介素养和表达能力、认知能力。中国人民大学的马少华教授认为："新闻评论教学不仅要培养少数新闻评论作者，而且应当帮助更多的人具有阅读、把握、分析、评判新闻评论的素质——它是整个媒介素养教育的一个重要部分。同时，一些新闻事件复杂，很多新闻的出现并非与表象相符，要引导学生全面辩证地分析社会问题，培养其独立思考能力和评论素养。引导同学有意识地观察和表达自己的思考、写作过程，这个思考过程对于写作产生着重要影响。增强对这个过程的明确意识，有利于同学积累自己的写作体验。"①

（三）革新实践教学方式

在新闻评论的教学中，为了最大限度地调动学生学习的积极性和创造性，笔者在数年的新闻评论教学中，逐渐摸索出一套可操作的、理论与实践并举的教学模式。

1. 设立口头述评环节

在融媒时代，口头评论是全媒体记者不可或缺的一种能力。为了锻炼学生口头评论的表达效率和准确度，笔者在教学中设立了口头述评环节。每次评论课都让学生模仿主持人或电视评论员，针对最近几天发生的新闻焦点或有争议的话题进行述评，或对媒体上有影响力的评论进行盘点、综述，并清晰地表达自己的观点。教师和其他学生对此环节进行评析甚至引发自由辩论，以求引导学生准确地把握评论的选题并深入挖掘事

---

① 马少华：《新闻评论教程》，高等教育出版社2007年版，前言。

件，进行多角度评论。此举既可以培养学生镜头前的表达能力，也能提升学生的评论素质。

2. 调整教学顺序

一般评论教学的次序都是由教师先讲理论，之后给学生布置相关的练习、作业。笔者则认为对于新闻评论这种实践性强的学科，可以尝试让学生先练习写评论，无论学生的评论写得多不合格都不要打击，而是引导学生思考：在写作的过程中，你遇到哪些问题，你最缺的是什么，你想要学什么。这种直观的写作体验会让学生对新闻评论产生问题意识，而这时教师再针对这些问题进行教学，师生互动交流、有效反馈，就会提高教学效率。

3. 拓展实验教学

在融媒时代，应构筑全方位的新闻评论实验平台以探索和完善新闻评论实践教学模式。除了一些已有的多媒体实践平台，如地方新闻媒体实习基地、校园官方媒体，高校还可以尝试建立学生主导的自媒体平台。如建立新闻评论教学网站，学生可以就自己感兴趣的新闻素材或者生活中的所见所闻，发表自己的观点和看法，从而把网站变成新闻评论写作教学的园地。互动式网络课堂充分利用网络的海量信息，引导学生广泛阅读各类优秀的新闻评论以及文学作品，增加学生的知识储备，掌握评论写作的方法，从而大大拓展新闻评论写作教学的课堂。在学生新闻评论写作的准备阶段，互联网能为学生提供强大的新闻信息资源，学生可以在网上搜集大量形形色色的新闻资料，查阅到各种各样与习作内容有关的信息，很好地弥补了以往学生选择新闻素材的单一和雷同。然后，学生根据自己所掌握的信息，进行甄别、筛选、分析，发表自己对这些新闻或现象的观点和看法，以发帖子的形式在网站上公开评论习作。其他同学在线浏览到这篇评论文习作后，又以发帖子的形式进行点评。这种学生间的在线即时评价，学生全员参与，学生自主学习的积极性也自会水涨船高。学生上网浏览新闻、发表自己的看法、点评别人的文章等，完全是一种自主的行为。而且完稿后即可发表在网上，它的及时性是任何传统教学方法所无法比拟的。在整个学生习作的过程中，教师只是组织者、指导者、帮助者和促进者，只是利用网络资源、网上讨论与评价等学习环境要素充分发挥学生的主动性、积极性和首创精神。当然，这一过程中，也不应忽略教师评价的引导作用。教师也应经常登录该论坛，以平等的身份和学生开展讨论，同时给学生以充分的写作指导。而且，老师可以设计一些复杂多变的问题，创设情境，让学生用自己的经验和判断来解决，或用辩论的形式训练学生的判断能力，使学生的思维更具流畅性和敏捷性，发表具有个性的见解，同时鼓励学生进行批判性质疑，激励学生打破自己的思维定式，从独特的角度发现问题、提出问题、解决问题。教师评价为学生对知识的建构提供了一种引导，而学生之间的相互交流、评价，更可能引起各种层次和类型的文化碰撞、价值观的碰撞以及思维的碰撞，这有助于他们在认知层次上达到协同，从而提高写作教学效果。同时，老师也可以在网站上与学生互动交流，这样通过师生之间、学生之间的在线讨论和互动交流，教师可以对这些讨论加以汇总和分析，从中发现教学存在的问题，及时调整教学方法和策略，提高教学效果。

三　结语

媒介融合时代新闻评论教学的与时俱进，需要在汲取传统教学精华的基础上，不断革新教学内容，探索新的教学模式，做到教学相长，使学生的能力更符合媒介的期许，这也是新闻评论教学的归宿所在。

新闻史网络学习资源的多重考量

丁松虎

互联网的出现和普及，引起了人们看待事物的态度和方式的变化，也引起了知识传播的尺度和模式的变化。具体到新闻史课程的学习过程中，学习者主动发现与建构丰富而恰当的网络学习资源，有助于其对学习中的重点难点内容、疑难问题、有争议的不同学术观点或学科前沿问题展开探究，从而不断提升知识创新能力。然而，这方面的研究尚显薄弱。新世纪以来，除了艾红红《网络环境下中国新闻史教学改革刍议》一文[①]以外，鲜见有专门文献探讨新闻史网络学习资源的获取、利用与共享问题。

一 新闻史网络学习资源利用中存在的问题

新闻史课程在新闻学与传播学课程体系中具有不可替代的价值。正如日本新闻传播学开山鼻祖、东京大学新闻研究所首任所长小野秀雄所说：任何科目在新闻或传播学院的学科设置

---

① 艾红红：《网络环境下中国新闻史教学改革刍议》，《山东教育学院学报》2008 年第 5 期。

中都可以增加或削减，但有三个科目却是不可或缺的，那就是新闻传播史、新闻传播理论和新闻传播伦理教育。[①] 尽管新闻史课程在新闻传播学科中具有首屈一指的基础地位，在当下却面临尴尬处境。清华大学李彬教授曾忧虑地指出："在遍地开花的新闻院系，从老师到学生，无不为之头疼，教者昏昏，学者沉沉。……除了必修课、拿学分、完成培养方案等，绝大多数本科生也不觉得新闻史有什么意义，最多了解一些新闻传播的演进脉络，而且不等毕业说不定就全部交还老师了。"[②] 一些教师单纯的理论讲授和枯燥的课程灌输也让学生对这门课程望而生畏。

出现上述现象的原因是多方面的，除了新闻教育界和传媒业界部分人士急功近利的认识和做法以外，教材的体例安排不够科学、学习者利用各种学习资源尤其是网络学习资源的意识和能力不强，亦是不可忽视的原因。凝固的作品都是有缺憾的艺术，传统教材的体例要么是以时间为基本框架，按照历史发展的时间顺序，分别叙写各国各地区各种媒介的发展情况；要么是以地域为基本框架，逐一叙写世界各洲若干代表性的国家；每个国家又按时间顺序分别叙写各种媒介的产生和发展；或者是以新闻媒介的门类为基本框架，按照报业、通信业、广播电视业、互联网络业这样的顺序依次叙写。各种体例都有自身的弊端。要想弥补各种体例教材的缺陷，网络学习资源为学习者提供了动态的、开放的、越来越充分的知识拓展与思维创

---

① 转引自关梅《〈中国新闻史〉教学改革探析》，《新闻界》2009 年第 1期。

② 李彬：《"新新闻史"：关于新闻史研究的一点设想》，《新闻大学》2007年第 1 期。

新渠道。另外，许多新闻院系的资料室并未对本科生开放，学生从其他渠道很难借阅到新闻史领域的一流期刊；如果学生自行订阅专业刊物，会造成一定的经济负担。在此情况下，网络学习资源因自身的技术、费用"低门槛"而将知识传播与共享的成本降至最低，因而，也对新闻史课程学习者具有巨大的接近性。然而，笔者在给历届学生讲授新闻史课程时发现，一些学生严重缺乏利用网络资源促进新闻史学习的主动意识；还有一部分学生视野较为狭窄，所利用的网络资源极其有限。因此，对网上的新闻史课程学习资源进行分门别类的梳理与整合颇为必要。

二 新闻史网络学习资源分布调查

学习资源是与教学过程发生有意义联系的所有硬件设备、软件工具、知识信息和应用服务。[①] 这个定义不仅强调了知识信息在学习资源中的不可或缺性，也合理地把硬件设备、软件工具和应用服务吸纳到学习资源的范畴中来。具体到新闻史课程的网络学习资源，相关的网站、搜索引擎等均在此列：

（一）相关的精品视频公开课网页。视频公开课是我国高等教育适应世界高等教育发展的新趋势，通过采用现代信息技术手段，面向以大学生为主体的社会公众免费开放的优质视频课程；开展视频公开课建设，旨在提升大学生及社会大众的科学文化素养，增强我国文化软实力和中华文化国际影响力。教

---

① 祝智庭、孟琦：《教育技术实用学：诠释学习资源效用的新话语》，《电化教育研究》2006 年第 4 期。

育部计划"到 2015 年末建设 500 门以上视频公开课，逐步实现对所有学科门类的全覆盖"。具体到新闻史方面的视频公开课，亦是由功底深厚的课程教学团队倾力打造，既有丰厚的学术积淀，又有先进的教学理念和教学方法，从而使新闻史学习和研究的深邃思想得以散发出迷人的魅力。学习者可访问"爱课程——中国大学视频公开课"网站（www. icourses. edu. cn）开展学习。另外，超星学术视频（ssvideo. chaoxing. com）也为新闻史课程学习者提供了一些名师的学术报告视频资源。

（二）各级精品课程的网站。国家级、省级、校级精品课程极大地促进了高校课程资源的共享，当然，对于新闻史课程学习者的重要性也毋庸赘言。比如，学习者可登录国家精品课程资源网（course. jingpinke. com），查找到《外国新闻传播史》国家级精品课程（2009 年度，张昆教授主持）、《新闻理论》国家级精品课程（2009 年度，雷跃捷教授主持），并展开深入学习。这些精品课程网站不仅向学习者提供了新闻史课程的教学大纲、课程章节、教学课件、电子教案和例题习题等，还专门设置了互动交流板块，有利于学习者与名师团队之间的互动和沟通。

（三）相关学会的网站。如中国新闻史学会（xwsxh. pku. edu. cn），是中华人民共和国境内新闻传播学方向唯一的一家以研究中外新闻传播历史与现状、促进新闻传播学发展为宗旨的全国一级学术团体。该学会联络和团结了全国新闻传播史专家，学会的网站展示了专家们关于新闻传播历史与现状的教学和科研成果，对新闻史课程学习者较有助益。

（四）著名新闻院系的网站。如北京大学新闻与传播学院

（sjc. pku. edu. cn）、清华大学新闻与传播学院（www. tsjc. ts-inghua. edu. cn/publish/jc）、中国人民大学新闻学院（jcr. ruc. edu. cn）、复旦大学新闻学院（www. xwxy. fudan. edu. cn）等。这些新闻学院荟萃了优质的教师资源，新闻史课程学习者登录其网站，可以了解新闻史研究的前沿观点，促进自己对新闻史课程知识体系的深度学习。

（五）新闻专业刊物的网络版（电子版）。特别值得关注的是 CSSCI（2012—2013）来源期刊所涉及的《国际新闻界》《当代传播》《现代传播〈中国传媒大学学报〉》《新闻大学》《新闻记者》《新闻与传播研究》等 15 种新闻学与传播学期刊。这些新闻专业刊物不乏高质量的新闻史论文，蕴含了深刻的专业思想，有助于弥补或增强新闻史课程教材的思想性，无疑对新闻史课程学习者具有重要的参考价值。我国学者李彬教授曾在《"新新闻史"：关于新闻史研究的一点设想》一文中忧虑地指出，"对新闻史研究及其问题……一言以蔽之就是有知识、没思想，有专业、没文化"。① 所以，学习者通过对新闻史教材和一流网络学习资源的"对接"，不啻为破解"有知识、没思想，有专业、没文化"难题的有益尝试。学习者可以登录前述专业期刊的网站，如《国际新闻界》（jcr. ruc. edu. cn/jic. html）、《新闻大学》（wuxizazhi. cnki. net/MagaList/XWDX. html）、《新闻记者》（journalist. news365. com. cn）、《现代传播〈中国传媒大学学报〉》（www. xdcb. cn）等，以获取所需的内容资源。另外，网络刊物"中国高校系列专业期刊"之《传

---

① 李彬：《"新新闻史"：关于新闻史研究的一点设想》，《新闻大学》2007年第 1 期。

播学报》（www. sju. cnki. net/sju/navi/issue. aspx？pykm＝CA-BO）亦辟有新闻传播史研究专栏，值得新闻史课程学习者关注。

（六）人民网、新华网等重点新闻网站的传媒频道，以及新浪传媒（news. sina. com. cn/media）、网易传媒（media. 163. com）、搜狐传媒（media. sohu. com）等商业门户网站的传媒频道。以人民网传媒频道（media. people. com. cn）、新华网传媒频道（www. xinhuanet. com/newmedia）为例，它们不仅在内容上涉及新闻事业发展的历史与现状，而且多次举办"新闻学子专业论文比赛"，有助于调动新闻史学习者的学习积极性，不断拓宽新闻史课程学习的视野，理解新闻历史与现实的"对接"。

（七）新闻传播研究领域的学术性网站。新闻史课程学习者搜寻网络学习资源的目光不应局限在国内的相关网站，而应具有全球视野。相关的传媒学术网站以地域为划分标准可包括以下几类：①中国大陆研究网站：如新闻与传播研究网（www. mediaresearch. cn）、紫金网（www. zijin. net）等；②中国台湾、香港、海外华文网站：中华传播学会（ccs. nccu. edu. tw）、香港大学新闻及传媒研究中心（jmsc. hku. hk）等；③国外研究网站：比如，International Communication Association（国际传播学会，http：//www. icahdq. org）、The American Communication Association（美国传播学会，http：//www. americancomm. org）、Mediatribe（本科生传播研究 http：//collection. nlc-bnc. ca/100/202/300/mediatribe）等。

（八）新闻史学者以及教学科研一线教师的博客、微博等。在 Web2. 0 时代，高校教师博客构建了一个高校师生彼此交流和共享思维火花的教育信息化生命环境。具体而言，相关的任课教师博客作为一种重要的学习资源获取渠道，参与建构新闻史课程学习共同体，在行动研究、教学反思、思想冲撞、心得交流、教育科研、师生互动、组织管理、远程技术支持、情感支撑、资源积淀、知识管理、建立学习路径和提升学习绩效等方面都体现出卓越的功能；作为综合评价的平台，相关的任课教师博客及其链接的大学生博客，综合了过程性评价、表现性评价、情感目标评价、多元主体评价等多种评价，弥补了大学新闻史课程教学中总结性评价的不足，能够促使学习者展开自主学习。① 除了相关博客以外，一些新闻史研究名家的微博也为新闻史课程学习者提供了丰富的背景资料和深邃的课程思想。比如，中国新闻史学会会长、北京大学新闻与传播学院教授程曼丽的微博（weibo. com/chengmanli），内容丰富、鲜活，对新闻史学习者裨益良多，因此至 2013 年 9 月时其粉丝量已逾 130 万。

（九）CNKI（中国知网，www. cnki. net）。CNKI 包括了学术期刊、博硕士学位论文、重要会议论文等学术文献，以及国际学术文献，而且，还为学习者提供了免费创建个人数字图书馆等服务。换言之，新闻史课程学习者可从 CNKI 获取丰富的内容资源。虽然这是不争的事实，但是，在笔者访谈的新闻史课程学习者中，竟然还有一部分人甚至是高年级学生对 CNKI 闻所未闻，更遑论利用 CNKI 去进行探究性学习了。

（十）大学图书馆网站。以笔者所在的西北师范大学为

---

① 丁松虎：《Web 2.0 时代高校教师博客的作用及出路》，《新闻爱好者》2008 年第 7 期。

例，该校图书馆网页（lib. nwnu. edu. cn）整合了较多数字资源，为学习者提供了便捷的学习通道：①图书资源方面：包括超星电子图书、百链云图书馆等；②期刊方面：包括 CNKI 学术总库、Elsevier SD 外文期刊、人大复印报刊资料全文库、维普期刊全文库等；③学位论文方面：既有 CNKI 博硕学位论文库，也有万方博硕学位论文库；④视听媒体方面：包括爱迪科森《网上报告厅》、超星名师讲坛等；⑤新闻史料数据库方面：包括《申报数据库》《中国近代报刊库》等，这为新闻史学习者提供了宝贵的第一手资料。

（十一）百度、谷歌等搜索引擎以及百度文库、360 文库、谷歌文库等。学习者可以通过各种搜索引擎查找新闻史教材内容的补充材料，以获得更加全面、直观、充分的内容体验。比如，1948 年毛泽东、刘少奇分别所做的重要讲话《对晋绥日报编辑人员的谈话》《对华北记者团的讲话》，是中国新闻史上的重要文献，也是诸多新闻传播史教材的重点内容之一。有关教材虽对其做了摘要介绍，但限于教材篇幅和体例，不大可能照录原文。想要对这两篇重要文献有更加直观、整体性的认识，学习者可通过上述搜索引擎，很容易地查找出文献原文，并进一步展开深入学习。

（十二）社交网站和商业网站上的"名校公开课"。公开课借助互联网的技术力量构建了一个庞大丰裕的网络共享式知识宝库，突破了传统课堂上知识传播的时空限制。国内知名的社交网站人人网，专门建立了一个"世界顶级名校公开课"公共主页，该主页发布了来自世界各大顶级高校的相关课程数十门，凝聚了有共同学习兴趣的将近 7 万名好友（截至 2012 年 4 月），形成了一个以公开课学习为主要兴趣的群。又如，网易 2010 年推出了"全球名校视频公开课"项目，资源同步分享到网易阅读、豆瓣、电驴、优酷等知名网站，可供网民免费下载。

三　新闻史网络学习资源特点、局限及对策

以上所述新闻史课程网络学习资源，为学习者提供了丰富的知识信息和一定的互动交流渠道，有利于学习者培养学习兴趣，形成全球视野，积极运用整体性思维，开展协作学习和探究性学习，从而提升学习效果。这些资源具有一些显著的特点，也存在一些局限：

（一）内容丰富，形式多样。上述网络资源涵盖了文字、图片、音频、视频等信息载体，便于学习者调动多种感官开展新闻史学习。新闻史课程学习者可以把课堂学习和视觉影像资料的观摩相结合，激发课堂参与的积极性和热情。在当下"视像屏幕的时代"①，视觉文化已经成为普遍的文化景观，无处不在；对于被视觉文化所包围的学习者而言，网络资源中的视觉图像更容易被他们所接受。

（二）方法新颖，助推学习。"一般人印象中的新闻史，不管是课堂讲授，还是教材内容，似乎总是一种刻板模式，即某年某月某地出版某份报刊，几开几版，发行几多，刊发什么报道，产生什么影响等。一部新闻史差不多等于一份报刊出版流水账，里面难以见到鲜活的人物、鲜活的故事、鲜活的作

---

① ［美］尼古拉斯·米尔佐夫：《视觉文化导论》，倪伟译，江苏人民出版社 2006 年版，第 1 页。

品，满目多是枯涩的、干巴巴的、死气沉沉的货物清单"。①
而上述网络学习资源中，有许多资源采用了叙事学方法，兼具
文笔、文采、文辞等叙事因素，做到了叙事生动、引人入胜，
从而激活了新闻史的生命力。

（三）从教育技术学层面看，新闻史课程网络学习资源在
内容和形式等方面尚需进一步整合与完善。比如，相关领域的
教育游戏尚付阙如。

（四）网络学习资源在知识传播过程中所展现的权力机制
不容忽视。以网易公开课为例，它引进国外优秀课程表明我们
对待国外文化成果大胆吸收、择善而从的态度；另一方面，它
精选的哈佛、耶鲁等国际名校公开课视频多达 5000 余集，而
中国大学的课程视频仅有数百个，随着网易公开课将这些英语
课程推向全国甚至全球，以英语为母语的西方国家的知识及价
值观也得以传播。② 那么，这些国家的英语课程会不会成为传
播西方国家价值观及意识形态的工具？又会不会进一步导致文
化帝国主义？这种传播效果值得我们深思。

（五）资源信息散点化的现象不容忽视。面对网络中纷繁
复杂的海量信息，学习者易于陷入"信息孤岛"的困境，一
叶障目不见泰山，也难免挂一漏万。因此，有必要随着教育技
术的发展（包括诸多社会性软件的普及），把庞杂的新闻史网
络学习资源加以整合，实现助推新闻史课程学习的"一站式
服务"。基于这个意义，笔者构建了新闻史网络学习资源获取

---

① 李彬：《"新新闻史"：关于新闻史研究的一点设想》，《新闻大学》2007
年第 1 期。

② 蔡骐：《知识共享的网络之梦》，《新闻记者》2012 年第 8 期。

与共享的模式图（见图 1），以期为新闻史学习者提供有效的路径：

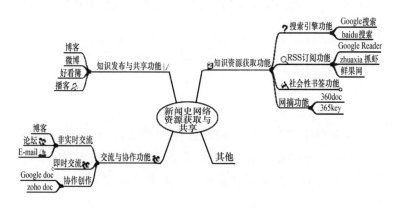

图 1 新闻史网络学习资源获取与共享模式图

此图表明，新闻史网络学习资源的利用并非止于获取、存储和积累层面，而是向前延伸至交流、协作与共享阶段。新闻史学习者在利用网络学习资源的过程中，需要发布自己的学习感悟以及学习反思，与学习同伴共享自己的学习体验。换言之，学习者可以进行网络内容的再生产，从而使网络资源的利用呈现出良性循环的态势。随着网络媒介素养的提升，学习者还可以基于各种平台（比如 Mashup 混搭平台、博客、Blackboard、Moodle、社交网络等）对新闻史网络学习资源进行整合与完善，从而建构围绕新闻史课程的个人网络学习环境。

谈设计素描教学中三个方面的关系

吴 强

  随着我国艺术院校和多数高校设计专业的创建，作为专业基础技能的素描教学也相应地面临新的调整，以适应专业的发展。这意味着设计类素描要解决一个观念转型和专业定位问题，即如何使素描摆脱对自然形态的客观再现，进入主观形态的探究创造和主体精神的张扬及形式语言的提纯，把素描作为研究设计思维的切入点和创造第二自然的本质过程，而不仅仅是传统绘画形式在产品设计草图层面的延伸。这要求教师从设计专业的视角对素描基础课进行新一轮的思考和变革。

  从认知方式和专业定位方面看，设计类素描与传统素描最本质的不同表现在诸多方面。首先，传统型素描作为解决造型问题和收集创作素材的手段，主要针对传统造型艺术的共性规律和客观认识，通过朴素无华的形式和简便易行的手法来客观再现自然的真实和探求形式语言的表现手法，站在感性立场上通过揭示艺术本质规律来训练眼与手的协调能力，引导学生学会对现实物态所蕴含的基本造型元素如特征形态、动态、构造、体积、空间、色感、质地和肌理等的描述和表达，同时以点线面、黑白灰元素及其关系来营造富有艺术感染力和精神意蕴的审美格调，创造有意味的形式，实现形式与内容的统一。

设计素描要解决的问题已不限于再现客观物象的写实造型能力的范围了，它所针对的内容已经由自然形态转为主观形态了，它所遵循的认知方式也超出了直觉感性的形象思维而以理性的逻辑思维为主了，并取得了独立的纯粹意义的精神意味。

一　设计素描教学中的观念转换

从传统写实的绘画素描向现代设计素描转换，首先要解决的是一个观念的转型问题，然后才有可能使素描技能成为设计的桥梁。首先，针对设计类素描要解决的核心问题，从一系列困扰我们的概念入手来界定设计素描与传统素描的不同内涵和功能及其相互关系。前者作为直接指向专业方向的基础造型，主要站在学科与专业的高度上来研究如何开发创意思维、创造学术思想和确定学术形态，而后者作为大多数视觉艺术的造型基础，主要针对初级阶段的造型技能如比例、透视、结构、形体等方面的入门准备。由此而引出一系列相关的基础概念群的转换与变更，包括二维平面、三维立体、结构与功能、肌理与材料、造物构想、创意构成、人性观照及主体意识等概念。其次，对设计基础的学科本质及其特性和功能的认知往往是我们认识设计专业素描的核心问题的开始，也有助于我们有的放矢地开发与之相适应的思维品质。再次，设计类素描旨在引导学生以现实物态为参照，生发新一轮的观察方式、逻辑思变、推导分析、解构重构、形态演化、造型构想和审美追求的过程中用徒手描绘形式来表达个人的独特的创意思维和设计方案。实现设计的实用功能和审美功能，同时多方吸收和整合更多的设计信息和相关知识，这一切都有赖于素描的徒手绘画这一简易朴素的语言形式。从这个意义上讲，设计素描自身的工具意义不仅体现在充当设计草图或设计基础造型训练手段，而且同样可以成为一种独立的艺术样式而存在。最后，也最为重要的是，设计类素描的训练是围绕创意思维而展开并直接指向设计终端和设计创作的，因此素描训练中作品意识的培养是开发创意思维的前提保证，素描创作是创意思维成果的物态化体现。这就要求我们引导学生把自然的、直观的物态看作生发感受和画法的参照，时时提醒自己从自然演绎画法而不是用既定画法来套用自然，这样就能有效地避免作品面目的雷同感、概念化、一般化和程式化，从而最大限度地实现主体思想的真实性和个人语言的独特性，同时也能更大程度地使素描成为设计造型本质的训练而不至于停留在传统素描的表现训练层面上。

二 设计素描教学中的思维转换

设计素描在传统素描的造型基础上要完成思维方法的变通和知识结构的完善，首先触及的核心问题是通过思维的转换来落实观念的转换和思维的变通，即打破传统素描的以形态和感性思维重建理性结构意识。具象思维阶段设计思维和设计意识以逻辑思维为基础，以形象思维为表现形式而展开。任何阶段设计素描都是一种思维方式和研究过程，它要用素描形象和呈现艺术设计的思维过程和成果，因而准确的造型和描绘手法及科学理性的推理分析的训练是紧紧捆绑在一起的，不能彼此孤立或顾此失彼。它要求从传统素描单纯的形态概念中跳出来，抓住物象的本质，走进物象的内部来研究其内部结构及相互关系，再走出来研究内部结构和外在形态（特征）和结构的因果关系和制约关系，同时从不同的视点和角度来分析其透视变化规律和造型元素关系，更好地把握和控制结构与形态的空间组合关系。在表现手法上则通过轻重强弱不同的线性描述手段来有选择有针对性地把对形态与结构的分析推导的过程呈现在纸上，这是一个由三维立体造型和组织运用形体的理性逻辑推演过程。由于它通过三维构形手段来重新分解和再造形象来表达其造物构想，因而它更多地运用思辨来找出对象的本质因素，并把它作为二度创造的基础。如果说这一阶段还保留传统写实素描的部分思维理念和造型因素的话，那么，设计素描的高级阶段即抽象思维阶段则更大程度地解散了现实物象的形态并偏离了自然物态的表象，完全摆脱了写实化造型的约束，更加自由地发挥想象力和创意性。但是这种自由的思考并非天马行空，它仍然要依据于自然物象本身所呈现的某些启示来引发创意。在由具象图式逐步演变为抽象图式的路线上，如果说原来的思维模式是由一点指向另一点的线性思维，那么现在就是由一点指向多点的发散式思维。前者理性大于感性，具有确定的方向性；后者感性大于理性，具有极大的不确定性、偶发性和随机性。这个阶段通常运用直觉、类比、推演等思维模式，从具象物态所提供的信息和暗示中生发创新点来提取抽象化的点线面、黑白灰元素来创造有意味的图式，将其纳入一种有意味的组织秩序和节奏韵律中，从而更为彻底地颠覆人们的常规视觉经验，把现实形象转换为画面上全新的视觉形象。而这些形象是以抽象的点线面等纯粹化造型元素来构成的画面结构，已经无法也不必寻找它与现实的一一对应关系了。抽象思维中的判断、类比、联想、想象等模式和逻辑思变过程中的结构、置换、转化、重组、整合等创意手法得到了全方位的运用并发挥到极致。

三 设计素描教学中的课题转换

艺术设计专业类素描的基础功能已不能再局限于造型能力训练层面了，而要以创意思维为中心摆脱对形态的依赖，深入系统地展开对形态的探索和创造，打通素描向设计的转换。基础造型研究的目的在于训练眼、脑和手的协调技能，通过思辨的方式来反馈个人的观察和感受，最终能够创造出一个具有视觉审美价值的主观世界。这是通过一套具有针对性的、循序渐进的课题训练来保证并落实的，它所要思考的是如何将概念性的课题设计转化为可具体操作的事件内容，这是检验教学效果的标准之一。

根据学生的实际情况和认知规律设定课题内容，由具象入手到意象再到抽象是两个相互递进、相互转化和相互渗透的阶段。在初级阶段中具象写实向结构解析的过渡层次，只在原来传统写实的基础上再度提升造型的精准性，重新认识造型观念并在此基础上使用各种写实描绘手法（包括超级写实）深入塑造物象形态、体量、肌理、质感、色泽等，甚至不惜以消解传统素描的感性激情表现为代价来换取冷酷的理性的极端的逼真描绘，从而追求一种另类的观念和思想，并将其纳入设计构成意识和视觉图式中。

高级阶段通过意象造型训练在自然形态与设计形态之间和素描技能与艺术设计之间架起一座桥梁。从自然形态的拆解、组合和变异入手，在对自然物态直觉感受基础上进行自觉的理性分析，结合主客观抽象和逻辑思维进行线条的演化和形态的变异和创造，从而完成由具象到抽象的演变过程。在这一过程中，把物象的自然形态概括、分解、打散和重组，便于随时从中提取有用的点线面、黑白灰等基础造型元素，按照自己的心象和一定的组织秩序来再造新的画面形象。这个形象已经不是原来的现实物象了，现实的自然空间已转化成另一个耐人寻味的画面空间了，如同音乐语言一样无须还原客观就能够以自身线条直接撞击人的心灵。由此，画面已完全摆脱了对自然客观物象的依赖和模拟，直奔事物的内在本质和普遍规律。通过新的虚构图式（节奏、韵律、秩序、运动、空间、肌理、材质）和纯粹的形式来营造一个新的主观精神世界，而不是一面镜子中的世界。

在整个设计素描的学习过程中，始终围绕对形态和空间的研究感悟和体验来解放观察方法、思维方法和描绘方法，把主动的创造性思维作为艺术的主体活动。这意味着从一开始就把创作思想和作品意识渗透到素描教学的每一个环节中，把对素描语言与形式的研究转换为素描课题的主要内容。由此，对现实状态中正常形态的研究探求必须建立在对其个体特性和创意规律的透彻理解和另类思考的基础上，并有意识地在大脑中存储更多的创意资源，但同时决不可忽略对语言形式在特定文化意义上的提纯和个体独特感性方式在审美维度上的张扬。唯此，新的创意之门会向我们不断打开。

移动互联网媒体的动画设计引导

——以微信使用动机为例

赵 洋

一 引言

网络社交媒体新产品在最近几年快速地推出，极大地改变了互联网用户的社交习惯。根据中国互联网络信息中心（CNNIC）发布的《2015 年中国社交类应用用户行为研究报告》发表研究报告显示，2014 年我国微信市场注册用户数量已经超过 6 亿，且微信的用户流失率极低。作为最新的和最有发展潜力的网络新产品来说，就微信的设计方面，目前亟须解决的问题之一就是用户对微信具有哪些主要需求，及满足用户的这些对微信设计的需求会产生什么样的引导作用。

二 理论背景

研究的理论基础为使用与满足理论，此理论由 Katz 教授在 1974 年率先提出，该理论认为个人的社会及心理需求会促使其产生媒介期待，而这种期待通过对媒介的接触会使其心理需求得以满足。在对互联网使用需求的研究中，McCord 等人在使用与满足理论的基础上通过调查研究发现受众接触网站的主要目的是满足娱乐、信息获取的需求①。Rubin 等对互联网的使用动机做了深入的研究并发现，互联网可以满足人们的不同需求，除了对人际关系的需求外，还可以满足人们对社会互动、打发时光、信息获取以及娱乐等需求，另外还发现，很多人使用互联网部分原因是由于"跟风"，也就是说因为周围的人都在使用互联网，所以自己也逐渐融入其中；还有一些人使用互联网则是由于自身的习惯②。Ferguson 和 Perse 通过在线问卷调查的形式对网页和其他大众媒体进行了研究，并发现娱乐是受众接触网页的最重要的动机，其次是打发时光、信息获取和放松③。同时 Park 和 Plank 通过调查研究发现，互联网主要向受众提供了三个功能，即信息检索、信息提供以及提供会话谈资，而消遣放松和逃避社会现实也属于互联网的使用动机④。Chamey 和 Greenberg 经过对互联网的研究中总结出了八个使用互联网的动机，包括：信息获取、娱乐消遣、分散注意力、同侪认同、好的感觉、交流、声音和图像、工作以及酷的感觉。Kenneth 等以使用与满足理论为理论基础对 Facebook 和 MySpace 等社交网站的青年用户作了调查并发现，大多数青年用户使用社交网站是出于进行有效的沟通、交流的便利、对他

① Sheldon P, Student favorite：Facebook and motives for its use ［J］. Southwestern Mass Communication Journal，2009，4：39 – 53.

② Rubin A. The uses and gratifications perspective of media effects ［J］. Lawrence Erlbaum Associates，2002，5：25 – 48.

③ Ferguson D A, Perse E M. The world wide web as a functional alternative to television ［J］. Journal of Broadcasting and Electronic Media，2000，44（2）：155 – 174.

④ Park，Plank. A uses and gratifications perspective on the Internet as a new information source ［J］. American Business Review，2000，18：43 – 49.

人的好奇感、使用社交网站的流行性以及人际关系的形成和巩固五个原因①。根据以上对使用与满足理论的研究的背景，并结合对用户进行访谈的总结，得出了微信满足用户需求的六个方面：（1）娱乐消遣；（2）信息获取和发布；（3）交流和互动；（4）环境影响；（5）人际沟通；（6）惯性。

三　研究方法

研究采用深入访谈法和问卷调查法相结合的方法，由于传统的封闭问卷选择范围的单一性，往往会造成数据统计的片面性，因此研究将两种方法进行结合，用主观性的访谈结果对问卷调查进行补充，可以得到更加准确的结论。

（一）调查对象

根据缔元信《社会化媒体用户分群及因素研究》，微信的初期用户具有年轻化、高学历化的特征，基于这种典型的用户特征，研究将北京市在校的大学生设定为主要研究对象，在北京市高校内发放问卷 140 份，回收到调查问卷 126 份，其中没有微信使用经验的用户 18 人，得到有效问卷 108 份，有效问卷率为 77.14%。访谈对象主要选择北京几个高校 14 个在校学生随机进行访谈，得到他们对于使用微信的主要动机。

① Kenneth D, Dong O W. Explaining why young adults use my space and Facebook through uses and gratifications theory [J]. National Communication Association Annual Conference. 2009: 29 – 30.

（二）具体研究

1. 用户访谈

用户访谈从北京高校在校大学生中随机抽选了 14 个微信的用户作为深入访谈的对象对其进行深入的访谈，为了使抽取的样本尽可能地反映整体的情况，研究对微信用户访谈遵循了以下的四个原则：（1）访谈对象为在校大学生；（2）男女比例保持 1∶1；（3）尽量对不同高校的学生进行访谈；（4）尽量控制不同年级的学生的比例。整个访谈过程采用单独访谈的方法，在过程中强调参与者和主试的互动性，主试在征得参与者的同意下，做一些笔记，并在访谈结束后让参与者填写问卷。因为访谈法主要是作为问卷调查的参考和补充，因此研究者在访谈的过程中将重点放在了调查问卷遗漏的其他潜在使用动机上。

2. 微信用户使用动机调查问卷

通过以上用户访谈和使用及满足理论的分析，对使用微信动机的 6 个方面做了补充和细化，总结得到了用户使用微信的 6 个方面动机共 19 项因素，如表 1。

表1　　　　　　　　**用户需求和具体使用动机情况表**

用户需求	使用微信具体动机
娱乐消遣	消磨时间，分散注意力，查看娱乐新闻等资讯
信息获取和发布	可靠信息源，关注热门话题，发布身边热门话题，关注他人
交流和互动	支持他人活动，评价他人观点，避免面对面交流，寻找认同
环境影响	跟风，时尚，酷
人际沟通	记录个人生活和情感，认识朋友，关注朋友动向

续表

用户需求	使用微信具体动机
惯性	习惯性使用

通过以上的研究，设计了关于微信使用动机的调查问卷，问卷主要包括两部分的内容。第一，问卷的第一部分主要涉及人口学统计因素，具体包括性别、年龄、所受教育程度、所在学校等。第二，调查用户被要求就其使用微信的背景信息做出相应回答，这主要包括：（1）注册微信时间，使用微信频率。（2）在问卷中被访者被问及他们使用微信的主要动机，设置19个动机选项如表1，要求用户在19个选项中选择自己使用微信最主要的三项动机。（3）用户对微信的满意度。在实际的问卷中，研究者将第二部分的问卷内容提前，而第一部分涉及人口统计学信息的问卷内容放在实际问卷的最后，这样做的目的是为了避免引起问卷调查参与者因看到人口统计学信息的问卷从而产生一种被调查的不良情绪进而影响问卷的有效性。对用户选择的数据进行 K-S 检验得到，样本数据的 K-S 的 Z 统计量为 0.862，对应的相伴概率为 0.447，大于显著性水平 0.05，认为样本整体服从正态分布。

四 结果

（一）使用微信主要动机结果

问卷采用多选项二分法进行统计，将结果输入 SPSS，得到六个方面动机整体样本中所占百分比，如表2。

从表 2 可以看出，人际沟通、交流和互动、信息的获取和发布、娱乐消遣 4 个方面为用户使用微信的主要需求，其中人际沟通为用户的最主要需求，有 91.5% 的用户把人际沟通作为使用微信的动机。

表 2　　　　　　　　微信用户使用动机情况表

	N	Percent （%）	Percent of cases （%）
娱乐消遣	48	14.8	44.4
信息获取和发布	69	21.3	63.9
交流和互动	75	23.5	70.5
环境影响	18	5.4	16.2
人际沟通	99	30.5	91.5
惯性	15	4.5	13.5
Total	324	100	300

从表 3 可以看出，"记录自己情感和生活"、"消磨时间"、"关注热门话题"、"了解朋友动向"、"关注他人"、"支持他人行动"、"评价他人观点"、"寻求认同" 8 个动机占了 19 个动机百分数的 68.6%，可以认为这 8 个动机为用户使用微信的主要动机。其中记录自己的情感和生活为用户选择的最多的选项，有 51.9% 的用户都将其作为使用微信的 3 个动机之一。

表 3　　　　　　　　使用微信主要动机百分数表

	N	Percent （%）	Percent of cases （%）
记录自己情感和生活	56	17.3	51.9
消磨时间	35	10.8	32.4

续表

	N	Percent（%）	Percent of cases（%）
了解朋友动向	30	9.2	27.6
关注热门话题	23	7.0	21.0
关注他人	21	6.5	19.5
支持他人行动	20	6.2	18.2
评价他人观点	19	5.8	17.6
寻求认同	19	5.8	17.6
Total	223	68.6	205.8

（二）性别与使用动机差异性

微信使用主要动机男女差别情况如表4。

表4　　　　　　微信使用主要动机男女差别情况表

	男性	女性	Percent of cases（%）
记录自己情感和生活	23	33	51.9
消磨时间	18	17	32.4
了解朋友动向	14	16	27.6
关注热门话题	13	20	21.0
关注他人	11	10	19.5
支持他人行动	8	12	18.2
评价他人观点	10	9	17.6
寻求认同	11	8	17.6
Total	108	125	205.8

五　讨论

基于以上的研究可以发现人际沟通是用户使用微信所满足

需求最主要的方面，而在 Flanagin，A. J. 与 Metzger. J. 对互联网进行了使用与满足的研究中提到互联网主要有以下几个功能：信息检索、信息给予以及提供谈资。而这三个主要功能与传统媒体的功能相一致，因此，Flanagin 与 Metzger 认为，"是技术满足了需求，而非需求促进技术发展"。[①] 微信的出现和迅速发展满足了用户已经存在的各种需求，而这种满足将随着技术的不断发展而得到深化。

六　结论

研究以在校大学生为对象，将使用与满足理论作为研究的基础，提出了大学生使用微信可能满足的需求，再通过深入访谈的方法对根据理论提出的动机进行了补充和验证，最终提出了 6 个方面共 19 项大学生使用微信的具体的动机。通过问卷调查的方法让用户在 19 个具体的动机中选择 3 个作为使用的主要动机，最终得到了"记录自己情感和生活"、"消磨时间"、"关注热门话题"、"了解朋友动向"、"关注他人"、"支持他人行动"、"评价他人观点"、"寻求认同" 8 个用户使用微信所满足的主要具体的需求。"记录自己的情感和生活"为微信用户问卷调查中选择最高的动机，在 5 个大的方面中"记录自己的情感和生活"为用户选择的最多的选项，有 91.5% 的用户都将其作为使用微信的 3 个动机之一。基于本研究的结果，笔者认为，微信的产品设计应该突

①　Flanagan A J, Metzger M J. Internet use in the contemporary media environment [J]. Human communication Research. 2001，27：158 – 181.

出旨在满足用户记录用户情感和生活的核心地位，且需要优化用户对附加功能的体验。此外微信技术附带的一些应用并没有引起用户的注意，可以通过提高相关的动画设计水平来增加用户的体验感。

艺术类专业[*]本科学生文学与文化课程体系探究

马成鸣

一 文学与文化课程设置的基本依据

对于具有很强应用特性的艺术类专业而言，在本科教学体系中开设文学与文化课程首先需要紧密结合专业特点，以求中西方文化对专业学习形成必要的引导和支撑。例如，在播音与主持艺术专业（以下简称播音专业）现代汉语课程中，需要将现代汉语的发音、词汇、句子、语法等理论知识和播音专业特点相结合，在基本掌握现代汉语基础知识的基础上，将有助于播音专业学生提升专业素养相关的内容进项强化，必须结合应用型和实践性的操作来转化现代汉语的教学成果。切忌将播音专业的现代汉语课程讲学方式等同于汉语言文学专业的现代汉语课程教学方式。

艺术类专业具有强烈的时代性特征，就此而言，在艺术类

---

　　* 因文章是基于西北师范大学传媒学院所开设的艺术类本科专业为研究对象和课程体系目标的，故此处艺术类专业特指西北师范大学传媒学院所开设艺术类本科专业，即广播电视编导专业、播音与主持艺术专业和动画专业。

本科专业教学体系中开设文学与文化课程需要紧密结合时代性，时刻关注时代对艺术类专业发展的要求，以形成文学与文化课程与专业课程相互融合，形成合力，提升学生专业素养，顺应时代需求的能力。例如，对于近年来动漫产业的发展与获得成功的案例作品而言，以美国好莱坞动画作品《功夫熊猫》和中国动画作品《西游记之大圣归来》为例，其创作素材均源于中国传统文化故事，有效地发掘和深刻地理解中国传统文化之精髓成为了其取得票房和口碑的重要原因之一。以迪士尼动画作品《冰雪奇缘》为例，其创作故事改编自《安徒生童话》，是对西方传统文化故事的有效发掘和深入理解。

二　文学与文化课程设置的基本原则

艺术类本科专业的人才培养目标直接决定了文学与文化课程的设置原则。随着全球化和产业化进程的不断推进，艺术类专业相关人才市场需求特点也发生了巨大的变化。中西方传统文化的价值在互联网时代再一次得到了关注，发掘中西方传统文化的价值是保护物质文化遗产和为物质文化遗产的迫切需要，也为各学科的发展提供了新的探索思路。在促进文化产业大发展的时代背景下，不同专业如何从传统文化中发掘和汲取具有时代特征和历史价值的资源迫在眉睫。因此，在艺术类本科专业开设文学与文化课程要符合艺术类专业应用型、技能型、复合型的特征，要符合艺术类专业相关文化产业结构特征，要符合艺术类产业市场的需求，符合经济和社会发展的需要。

艺术类本科专业设置文学与文化课程需要遵循以下几个原

则：一是需要将文学与文化课程的理论体系与艺术类各专业自身特点相结合；二是需要将文学与文化课程的实践性与艺术类各专业实践性相结合；三是需要将文学与文化课程的课程特点与艺术类各专业学生个体特点相结合；四是需要将文学与文化课程体系的连贯性与艺术类各专业教学体系的连贯性相结合；五是需要将深入中国传统文化和普及外国传统文化相结合。

以讲授中国文学史阶段为例，可以让不同专业的学生依照专业特点理解中国文学史的历史价值。播音与主持艺术专业的学生通过深入理解诗词歌赋的时代背景，用朗诵或表演的方式来表达自己的理解。广播电视编导专业的学生可以依据专业特点，拍摄相关的影视作品，以表达对文学作品的理解等。动画专业的学生可以依据动漫专业特点，用动漫作品的方式来表达对中国文学史讲授内容的理解。

文学与文化课程在艺术类专业中的设置是通过艺术类各专业人才培养目标和教学计划实现的。对于各艺术类专业而言，人才培养目标和教学计划的设置应当紧紧围绕培养应用型、技能型和复合型人才这一目标。在设置文学与文化课程时同样需要紧紧围绕这一目标展开。在文学与文化课程教学目标中，应该以普及传统文化为基本目标，同时追求中西融会贯通的效果。

三　文学与文化课程设置的实施方案构想

在艺术类本科专业计划中实施文学与文化课程设置，需要重视艺术类本科学生相关文学和文化基本常识的普及，同时更要重视学生创作能力、技艺能力、创造能力的培养，要积极为培养学生的艺术素质和创新思维提供必要的知识储备，能够适应艺术类专业、文化产业和当前时代的要求。

文学与文化课程模块的设定，应在中西文学与文化相结合的基础上开展。包括"中国传统文学与文化基础知识"、"外国文学与文化基础知识"、"中西方哲学思想"、"中西方艺术人文素养"四大基础模块，同时重视实践教学是艺术类本科教育的重要特色，将文学与文化课程与广播电视编导、播音与主持艺术和动漫专业等不同专业特色的教学活动相结合更为关键。

针对以上问题，艺术类本科专业文学与文化课程的安排及课时计划如图表所示。

学期	课程名称	课程内容	学时	学分	课程性质	考核方式
第一学期	文学与文化 I	中国文学与文化史基础知识	54	3	必修	考核
第二学期	文学与文化 II	外国文学与文化基础知识	54	3	必修	考核
第三学期	文学与文化 III	中西方哲学思想基础知识	54	3	必修	考核
第四学期	文学与文化 IV	中西方艺术基础知识	54	3	必修	考核

就四年制艺术类本科专业而言，大学一年级和二年级阶段是普及式课程教学的最佳阶段。大学三年级应该是专业知识得以跨越式发展的阶段，需要大学一、二年级阶段做好充分的基

础知识储备。

在大学一、二年级阶段的四学期中，第一学期应以普及中国文学知识和中国传统文化知识为主。在初高中阶段学习中国文学和文化知识的基础上增加知识的广度和深度，让学生基本了解中国文学和传统文化之间的关系等。第二学期应以普及外国文学与文化基础知识为主。了解东西方文化的异同有助于拓宽艺术类本科专业学生的视野，同时不同专业的学生可以在丰富多彩的外国文学与文化领域中寻找不同的灵感和体验。第三学期的学生已基本适应了大学学习和生活，同时思想领域也逐渐开始形成体系，对于普及式常识的了解和认知已无法满足大学二年级学生对知识的需要。因此，第三学期应以普及中西方哲学思想基础知识为主，其中应包括中西方传统哲学思想、中西方现代哲学思想、宗教哲学思想等，有助于完善和提升学生思想体系的构建，有助于增强学生对世界和自我的认识。第四学期应以普及中西方艺术基础知识为主，应该包括音乐鉴赏、艺术作品鉴赏、戏剧鉴赏等。艺术类本科专业学生需要更加敏锐的艺术鉴赏能力，因课时有限，故在普及中西方艺术基础知识阶段，应以最基本的音乐鉴赏能力、艺术作品鉴赏能力和戏剧鉴赏能力为最基础的教学任务设置，在课时允许的情况下，还可增加其他领域的艺术鉴赏能力。

总之，根据文学与文化课程教学经验，在实践教学和理论知识教学的过程中需要构建模块式教学结构，容易取得更有效的教学效果。

网络课程开发与应用的基本对策研究

孙万银

一　网络课程设计开发与应用的现状

（一）网络课程开发与应用的政策现状

1999 年 1 月 13 日，国务院批转的教育部《面向 21 世纪教育振兴行动计划》正式提出："实施现代远程教育工程，形成开放式教育网络、构建终身学习体系。"并启动新世纪网络课程建设工程，用《面向 21 世纪教育振兴行动计划》中"现代远程教育资源建设项目"的经费，重点支持若干所高等学校网络教育学院的网络课程建设和应用，并实现资源共享。

2000 年 1 月，高教司下发了《关于实施新世纪高等教育教学改革工程的通知》（高教司〔2000〕1 号）。通知中明确了现代远程教育资源建设的内容主要包括：网络课程建设、素材库建设、远程教学实验试点、教学支撑平台、现代远程教育管理系统及信息网站建设、远程教育工作者培训、现代远程教育研究和法规建设等。开发风格多样、内容丰富、全国大部分地区可以共享的网上教育资源；建立较为完善的教学、指导、服务、管理体系；形成一支熟悉现代远程教育教学、技术和管理队伍，制定比较完善的现代远程教育政策、法规和管理办法；建立适应信息社会的教学模式，为构建终身教育体系奠定基础。

2000 年 5 月，高教司下发了《关于实施新世纪网络课程建设工程的通知》（高教司〔2000〕29 号）。该通知的下发标志着新世纪网络课程建设工程的正式启动。新世纪网络课程建设工程将在 2 年之内，重点规划建设 200 门左右基础性的网络课程。

随着国家中小学现代远程教育工程的启动，教育部以及相关的教育行政部门相继出台了许多关于现代远程教育、网络教育、网络课程建设方面的政策，并给予经费的支持。这些政策的出台以及网络课程快速的发展实践，表明国家对信息化教育、网络教育、网络课程资源建设的重视。

（二）网络课程开发现状

从教育部召开启动新世纪网络课程建设工程研讨会，提出了《现代远程教育资源建设技术规范（试行稿）》以来，我国网络课程的设计与开发取得了可喜的发展成果。主要表现为：

1. 从国家到地方各级教育管理部门及相关的教育信息化领域都在逐步强化网络课程开发意识，逐步加大了对网络课程开发的投资与支持力度。

2. 推出了一大批包括初中、高中、大学本科和研究生培养在内的网络课程。据了解，目前某些高校自行设计开发与应用的网络课程就达到 200 多门，可以说网络课程的数量已相当丰富。

3. 形成了一批有思想、懂理论、掌握技术的网络课程开发队伍。为网络课程的开发工作培养了大批的人才。

4. 对于网络课程开发的理论研究逐步加强，形成许多网络课程开发的基础理论，积累了大量的网络课程开发的基本经验。

5. 把网络课程的开发与应用逐步联系到一起，体现出了网络课程开发与应用实际相联系的思想。

6. 网络课程开发技术、内容呈现逐步向多样化的方向发展，网络课程开发表现出了良好的发展前景。

7. 网络课程的开发向学科系统化的方向发展。原来单一课程的网络课程的开发情况有所改善，人们对开发系统的网络课程已经有了更多的关注。

8. 现代远程教育等应用项目中网络课程开发实践发展相对较快，这一方面是由应用项目的特点所决定的，另一方面也是为了满足应用项目的发展需要。

但从网络课程设计开发的总体情况来看，绝大多数网络课程呈现出表现形式单一、任课教师与网络课程开发脱节、自主学习资源不足；数量多、精品少；高等院校教师、专业人员参与网络课程开发多，中小学教师参与网络课程开发少，应用项目、高校网络课程开发较多，普通院校和中小学网络课程开发少等特点。

（三）实践应用现状

按照金伯格（Ginsburg，1998）等人的观点，网络课程的应用可以分为三代：第一代是通过网页给学习者提供教学材料和有关资料，以及与其他的有关教育网连接；第二代是除了在网上提供学习材料外，还要求学习者通过电子邮件、电子公告栏、网上练习和测量进行异步双向交流；第三代是除了第一代、第二代外，还要求通过网上交谈室、电话会议、视频会议系统进行同步双向交流。当前世界网络课程已正向第三代发展。我国的网络课程应用大部分处于第二代，有一些还处于第一代，只有极少数高校网络学院采用视频会议系统。

当前我国网络课程的应用实践现状主要表现为以下几个方面：

1. 网络课程的应用越来越受到了人们的重视。国家通过精品网络课程立项鼓励网络课程的开发与应用活动，很多人已开始有意识地在自己的工作实践中应用网络课程。

2. 网络课程的应用领域越来越广。当前网络课程已开始在高等教育、职业教育、成人教育、函授教育、项目培训等领域广泛应用。

3. 参与网络课程的应用实践的队伍不断壮大。各个层次的教育工作者开始在自己的工作实践中采用网络课程的形式开展教育教学工作。

4. 网络课程的应用研究得到了加强。在教育信息化研究领域，人们开始更多地关注网络课程应用研究，积累了许多网络课程应用方面的成功经验。

5. 网络课程正在向系统化的方向发展。在网络课程的应用实践中，人们逐渐看到了单一网络课程的局限性，开始注重网络课程应用的系统性。

6. 网络课程的应用项目发展迅速。以现代远程教育项目为代表的网络课程应用项目，受到了国家与地方的普遍重视，网络课程在应用项目资源建设中的地位也得到了提高，并取得了一系列的应用成果。

从网络课程实践应用的总体来看，我国网络教育工作还没有完全步入正轨，网络课程的应用还远没能达到教育信息化发展的要求。基于网络课程教学的效果也并不是很理想，并在一定程度上存在为了网络课程而应用网络课程的现象。这一切要求我们要进一步认识网络课程，加大网络课程应用实践的力度，加强对网络课程应用实践的研究工作，探索网络课程实践应用的新理论、新经验、新途径。

二　网络课程设计开发与应用中存在的问题

反思当前我国网络教育的发展现状，结合我们在网络课程设计开发与应用方面的广泛实践，我们在为网络教育与网络课程建设方面取得的成绩感到鼓舞时，也很容易发现我们在网络课程建设方面存在的诸多问题。

（一）网络课程开发与应用缺乏统一的运行机制和管理模式

当前由于我国网络课程的开发与应用活动还没有完全步入正规，各地方、各领域、各层次的网络课程开发与应用工作没有统一的组织领导，开发与应用活动相对独立，致使我们在网络课程的开发制作的技术手段、应用环境等方面存在很大的差异，这些差异导致在网络课程的开发与应用过程中，出现了不统一的运行机制和管理模式。

（二）网络课程开发与应用中理论研究缺乏、指导思想模糊、概念混淆

在目前大量开发与应用的网络课程中有相当数量的网络课程缺乏基本的理论基础和指导思想，存在为了网络课程而开发与应用网络课程的不良倾向，只是把课程进行了简单的网络化的呈现，使网络课程的开发与应用实践流于形式，甚至走了很多弯路，而没有真正体现出网络课程开发与应用应具有的根本特质。

（三）网络课程开发与应用中专业设备功能和专业人员智能没有得到较好发挥

在教育信息化建设过程中，各教育部门特别是各学校和一些应用项目都投入了大量的经费，购置了许多信息化硬件设备，而且一些部门的信息化硬件设备配置水平已达到了国际领先水平，这些信息化硬件设备正是教育信息化发展的重要支撑。但在网络课程开发与应用实践中，许多信息化设备没有得到有效的利用，经常性地处于闲置状态，没有发挥出信息化设备应具有的教学服务功能，造成了信息化硬件资源的极大浪费。

（四）网络课程开发与应用的整体教学效果相对较差

通过对远距离教育、函授教育、电大教育等网络教育的调查研究，我们发现在网络课程开发与应用的过程中，存在教师与学生的负担较重，学生学习成绩的及格率较低，失学率较高的问题，网络课程在应用实践中的整体教学效果相对较差。

（五）网络课程开发与应用的系统性较差

目前，我国网络课程的开发与应用工作已经取得了相当大的成绩，可以说是初具规模。但从网络课程开发与应用的实践来看，在开发与应用的系统性方面还不够理想。这种系统性的要求主要表现为，在某学科网络课程开发与应用的实践中，应开发出有关这一学科的系列网络课程，网络课程的教学应用也应该具有系统性。这样既有利于提高学生进行网络课程学习的适应性，也有利于提高网络课程的教学效果。

（六）网络课程开发与应用中的参与意识和协作精神不够

网络课程的开发与应用是一项极其复杂的创造性活动，涉及教育、技术、创作等多方面的内容，也是一项艰辛的工作，对参与网络课程的开发者与应用者也有较高的要求。它既需要网络课程的开发者与应用者有较强的参与意识，又需要他们在开发与应用的实践中团结协作，发挥团队作用。

（七）网络课程开发与应用中数量多、精品少

通过近十年的努力，我国网络课程的开发与应用活动已经取得了相当大的成功，开发出了大量的网络课程资源，也在网络课程的应用方面积累了丰富的实践经验。但从这些数量较大的网络课程来看，却存在着明显的数量多、精品少的问题。这一问题的产生，除了那些为了网络课程而开发应用网络课程的原因外，也与我国教育系统规模庞大，统一领导与组织的力度不大等因素有关。

（八）网络课程的开发与应用存在脱离现象

我们很容易发现一个实际问题，就是在网络课程开发与应用的实践当中，网络课程开发者不一定是网络课程的应用者，网络课程的应用者也不一定是网络课程的开发者。这就给网络课程的开发与应用工作带来了致命的问题，即网络课程的开发容易与应用脱离，出现开发与应用两张皮的现象。

（九）网络课程开发与应用重教学内容呈现，轻学习环境设计

建构主义认为，知识不是通过教师传授得到的，而是学习者在一定的情境即社会文化背景下，借助其他人（包括教师和学习伙伴）的帮助，利用必要的学习资料，通过意义建构的方式而获得的。在建构主义学习环境下，教学设计不仅要考虑教学目标分析，还要考虑有利于学习者建构意义的情境的创设问题，并把情境创设看作是教学设计最重要的内容之一。在网络环境下的学习，要求学习者必须更加自主地进行意义建构，因此情境的创设尤为重要。网络课程不仅要提供学习资料，而且要影响学生使其成为自己的"教师"。而目前大部分网络课程仍强调"教"，强调知识的传授，一进去就开始知识教学，而没有给予一定的情境导入。

（十）网络课程教学内容的表现形式单一，开放性与动态性差

网络课程教学内容的呈现有三种方式：文本和静态图像：这种方式相当于书本的搬家；PowerPoint 讲稿：其做法是直接

将教师的 PowerPoint 演示文稿放到网上。这两种方式显然不符合学习者的认知规律，既没有对教育目标、教学对象、教学内容、教学方法等进行设计，也没有对网络环境下的教学活动进行设计。

（十一）网络课程开发与应用缺乏教学活动设计

网络学习是由学习者一系列的学习活动组成的，并不是只有起点和终点，网络学习不仅要关心教育目标的设计、实现，更要关心实现的过程以及学习者在这个过程中获得的能力发展。在学习过程中，学生是主体，教师则是教学过程的组织者、指导者，对学生的意义建构过程起促进和帮助作用，其作用是不可忽视的。因此，教师在网络学习中的作用并不只是提供教学材料，还要有意识地设计一些实践性较强的教学活动内容，达到教学与实际相结合的目标。同时教学活动的每一步都需要教师的精心组织和指导，如网络环境下学习情境的创设、学习策略的指导、交流和反馈等。目前的网络课程仅限于教师的在线答疑、师生讨论，缺少教师对讨论活动的组织、指导和对学习者学习活动的关注，没有真正实现小组学习、协作学习，使学生的学习理论联系实际，既掌握了知识又提高了能力。

（十二）网络课程开发与应用缺少管理、评价与反馈

评价与反馈是教学管理中不可或缺的环节。目前网络教学的评价方式仅限于教师对学习者的评价（作业和考试），很少考虑学习者自身的评价、同伴的评价，而这两种对于学习者获得学习成就感非常有效。评价的形式一般是客观题（选择题、

是非题）和问题简答型的主观题，缺乏基于案例和问题解决型的练习。目前网络教学平台往往是仅给出答题结果，而没有给出适当的分析、评语，学习者只能自己猜测、思考问题的解决方法。基于问题简答方式的主观题，注重的是学习者知识的掌握和再组织，并不是学习者解决问题的能力。目前这种题大多采用人工改卷的方法，使学习者不能及时得到反馈信息，在一定程度上降低了学习者学习的热情。

（十三）网络课程开发与应用中自主学习资源不足

自主学习是网络教育的一大特色，学习者通过自主学习，在时空分离的条件下实现教学目标。目前网络课程在自主性学习方面只是体现了学习者自己学习的这一特点，并没有为他们提供种种有利于进行自主学习的资源。网络用户的广泛性，使教师无法准确预测网上学习者的原有认知结构和水平。对于一门课程来说，不可能做百科全书式的阐释，只能关注本课程的教学，这样对于原来对该领域不甚了解的学习者来说，就存在一定的难度，尤其是一些专业性非常强的学科，这些学习者就非常需要相关知识资源库的帮助。而对于所有的学习者来说，在他们要对自己的学习效果进行检查时，就需要课程提供大量的相关案例，使他们在解决案例的过程中进行知识的重构。目前大部分网络学院和网校都提供了网上图书馆，但基于课程的内容却很少，而只是提供一些资源链接，同时能够链接到的有用资源并没有多少。

（十四）网络课程界面设计不够合理、导航系统不强

网络课程从美观角度讲已有很大的发展，但在界面的设计

上仍然需要进一步改进，如大部分网络课程所用字体的字号过小，行距过密，不利于学生长时间在计算机上学习。另外，界面的布局过于繁琐，导致学生到了一个页面之后常常不知道应该继续做什么，即干扰信息太多，不利于学生自学和教师对网络课程的管理，各个网络课程缺乏统一的界面及操作风格，学生对不同的网络课程需要较长的时间适应。

（十五）网络课程开发与应用对艺术要素重视不够

在网络课程开发与应用过程中，有些教师虽然计算机水平较高，并且在网络课程开发与应用的过程中，运用了较为先进的网络课程开发与应用技术，也运用了大量的图片、视频、音乐与动画，使自己的课程界面显得时尚，希望引发学生的注意力。但由于缺乏相应的艺术思考，这些表面看起来似乎异彩纷呈、水准很高的网络课程，由于对艺术要素重视不够却呈现出界面设计不合理、色彩搭配不协调、文字处理不得当、缺乏艺术教育要素等诸多问题，使学生仅仅关注了课程中的各种装饰物，反倒忽略了课程本身所要反映的知识内容和根本目标，不仅无法很好地集中学生的注意力，反而适得其反，分散了学生的注意力，无法使学生在轻松的学习中很好地建构自己的知识体系，受到美的教育，实际教学效果较差。

三　网络课程开发与应用的基本对策

反思当前我国网络课程开发与应用的基本现状，对照网络课程开发与应用的大量实践，我们看到，经过十多年的努力，网络课程开发与应用方面取得了丰富的成果，网络课程在一定规模和层次上都得到了较好的发展，逐步成为教育信息化建设重要的组成部分，在社会人才的培养方面也取得了一定的成绩。但就当前网络课程开发与应用的基本情况来看，还远没有达到教育信息化发展的要求，还没有发挥网络课程在人才培养方面应有的作用，还没有达到网络课程教育教学的根本目标。

（一）加强网络课程开发与应用的组织与领导，建立统一的运行与管理机制

当前，我国网络课程的开发与应用实践呈现出国家提倡、指导，地方政府及相关部门领导、组织，相关领域开发与应用的基本现状。各地方、各领域、各层次的网络课程开发与应用工作没有统一的领导与组织，开发与应用活动相对独立、各自为阵，尚无形成统一的运行机制与管理模式。

缺乏统一的运行机制和管理模式，导致各地方、各领域开发的网络课程没有统一入口，使学习者在应用的过程中需要重复注册、登记，带来应用过程中的很多不便，难以实现资源共享，造成网络课程建设方面的重复投入，无法进行统一的管理，甚至还会导致网络课程在开发与应用中的一些混乱。

因此在新的实践中，要进一步加强网络课程开发与应用的组织领导，形成从国家到地方、自上而下的领导体制，建立统一的运行与管理机制，加强对网络课程开发与应用活动的统一领导，使网络课程开发与应用活动真正成为一个系统性的工程，减少网络课程开发过程中的重复建设，降低网络课程开发的整体成本，有利于促进网络课程向规范化和系统化的方向发展。形成统一的运行及管理机制，有利于在网络教育过程中加强网络课程应用的统一领导，有利于学习者在较为统一的网络学习环境中进行课程学习，提高网络教育教学的整体质量。

（二）加强网络课程开发与应用的理论研究，奠定扎实的理论基础

网络课程开发与应用是一项系统工程，涉及网络课程开发与应用的基本思想、基本理论、基本技术、基本方法等多方面的要素。同时网络课程的开发与应用作为一项实践性极强的教育活动，需要有扎实的理论基础作支撑，缺乏理论基础，网络课程的开发与应用就会流于形式，就达不到网络教育的根本目标。加强网络课程开发与应用的理论研究，探索网络课程开发与应用的基本规律，就能够为网络课程的开发与应用实践找到理论依据。

我国网络课程开发与应用的实践活动已有近十年的历史，在开发与应用实践过程中，我们对网络课程开发与应用的基本理论做了许多积极的探索，也积累了许多网络课程开发与应用方面的成功经验，使得网络教育取得了较好的发展。但就网络课程开发与应用本身的理论研究来说还是相对滞后，还不能完全满足网络课程开发与应用实践发展的需求，致使我们在网络课程开发与应用的实践中走了不少弯路，开发出来的网络课程整体质量偏低，网络课程的应用效果不够理想。因此，在网络课程开发与应用新的实践中，我们要更加重视理论研究，认真总结我们在网络课程开发与应用实践中的成功经验，进一步探索网络课程开发与应用的基本规律、基本理论。我们只有在理论上站稳了脚，网络课程开发与应用实践才能做到有理可依，才能走向持续的深入发展。

（三）更加重视网络课程开发与应用工作，加大支持与投资力度

网络课程开发与应用实践在我国已有近十年的历史，早在1999年，国务院批转了教育部《面向 21 世纪教育振兴行动计划》的通知精神，正式提出："实施现代远程教育工程，形成开放式教育网络、构建终身学习体系。"并启动新世纪网络课程建设工程，并用《面向 21 世纪教育振兴行动计划》中"现代远程教育资源建设项目"的经费，重点支持若干所高等学校网络教育学院的网络课程建设和应用，并实现资源共享。

这些指导性的精神以国家的名义提出，说明国家对网络课程开发与应用实践的重视程度。但在网络课程开发与应用实践中，由于我国教育信息化建设起步较晚，教育系统规模庞大，尚没有形成统一的运行与管理机制，加上国家对网络教育的投资与支持还不能完全满足网络课程开发与应用实践发展的需求，因此网络教育的发展还需要得到各地方政府的大力支持和经费投入。

从网络课程开发与应用的实践来看，许多地方政府对网络课程开发与应用建设不够重视，缺乏必要的经费投入，这既影响了参与人员的积极性，也无法从经费投入上满足网络课程开发与应用实践发展的需求。因此，在网络课程开发与应用新的实践中，要进一步提高重视程度，特别是要提高各地方政府、教育行政部门、学校领导等对网络课程开发与应用的重视程度，加大建设经费的投资与支持力度，对参与网络课程开发与应用的工作人员在物质与精神上给予足够的重视和关心，以激发他们工作的积极性和动力，保证网络课程设计开发的质量，提高网络课程的应用水平。

（四）加强信息技术教育培训，加强网络课程开发与应用队伍建设

网络课程的开发与应用是一项系统工程，涉及设计、开发、制作、实践应用等多方面的工作，需要有更多的人共同完成。所以对于网络课程的开发与应用来说，首先要有一支能够参与网络课程开发与应用建设实践的队伍。同时，网络课程开发与应用还需要参与人员熟悉教育教学工作、有理论、懂技术，成为一支专业层次结构合理的建设队伍。

就当前我国网络课程开发与应用建设队伍的层次结构而言，还存在很多不合理的地方。诸如进行网络课程开发的人虽熟悉开发技术，却不熟悉教育教学的基本理论；进行网络课程应用的人虽熟悉教育教学工作，却对开发与应用的技术缺乏了解，导致网络课程的开发与应用产生脱离等问题。因此，要提高网络课程开发与应用队伍的专业层次结构建设，就必须加强参与网络课程开发与应用人员的信息技术教育培训，转变教师对信息技术的态度，消除教师对信息技术的"抗拒"和"恐惧"心理，让教师了解网络教育，了解信息技术，掌握进行网络课程开发与应用的基本理论、基本技术，逐步提高网络课程开发与应用建设队伍的专业层次结构水平，更好地参与到网络教育的实践中。

只有不断加强网络课程开发与应用参与人员的信息技术教育培训，提高建设队伍的整体水平，才能够开发出高质量的优秀的网络课程，才能使网络课程更好地应用到教育教学当中，实现大规模的高质量的网络教育活动，提高人才培养的质量和效率。英国开放大学让一些从事信息技术工作的年轻人与学科教师进行交流、沟通，学科教师很快掌握信息技术并为自己教学服务的做法值得我们借鉴。

（五）强化网络课程开发与应用人员的参与意识，加强团队协作

网络课程的开发与应用是一项极其复杂的创造性活动，涉及教育、技术、创作等多方面的内容，也是一项艰辛的工作，它既需要网络课程的开发者与应用者有较强的参与意识，又需要他们在开发与应用的实践中团结协作，发挥团队作用。一方面，网络课程的开发与应用工作需要有更多的人积极主动地参与到这一实践中来，形成一支具有一定规模和层次的参与开发与应用实践的队伍，从人员的规模上满足网络课程开发与应用的需求；另一方面，网络课程开发与应用是一项系统工程，需要参与开发与实践的人员熟悉教育活动，熟练掌握开发与应用的基本技术，具有一定的创新思维和艺术素养，因此它更需要参与开发与应用实践的人员之间相互协作，发挥各自的特长，发扬团队精神。

从当前网络教育的实践来看，参与网络课程开发与应用人员的参与意识还不够强，有相当一部分人都是为了满足工作及自身需要而参与到网络课程的开发与应用实践中，缺乏必要的积极主动性。同时，在网络课程开发与应用的实践过程中，还在一定程度上存在单兵作战的现象，参与人员之间的协作精神相对较差。这些问题的存在必将影响网络课程开发与应用的整体效果。因此，在网络课程开发与应用新的实践中要进一步强化人员的参与意识，发挥团队的协作精神，提高网络课程开发与应用的质量与效率。

（六）更加重视教学设计，提高网络课程开发与应用的整体教学效果

常言说得好，"巧妇难为无米之炊"。网络课程质量的高低直接决定网络教育的效果，能否开发出高质量的网络课程是关系网络课程应用实践成败的关键。当前我们开发的网络课程就总体质量而言还是相对较差，因此要提高网络课程的教育教学质量，关键还是要开发出大量高质量的网络课程资源，所以在当前网络课程开发与应用实践中，我们要更加重视教学设计，提高网络课程设计开发的质量，以确保网络课程应用的整体效果。

重视教学设计，提高网络课程设计开发的质量，具体来讲，要注意做好以下几方面的工作。一是网络课程设计开发要严格按照《规范》的基本要求实现，坚持网络课程设计开发的基本原则；二是要以课程理论、教学理论、教学设计的理论、系统理论等作为网络课程设计开发的理论基础；三是加强精品网络课程的设计开发，逐步提高网络课程的整体质量；四是加强系统性网络课程设计开发，促进网络课程的开发与应用向系统化方向发展；五是注重网络课程内容的选择与表现，注重理论联系实践，注重教学活动的设计与教学情景的设计；六是加强网络课程设计、开发与制作过程中的艺术体现；七是注重网络课程教学系统的设计与优化，设计开发出性能齐全、功能强大的学习平台和系统工具，如协作学习平台、答疑系统、测试工具等，以便更好地支持网络教学活动和学习活动。只有设计、开发与制作出高质量的网络课程，网络课程的教育应用实践才能得到保障，才能提高网络教育的整体质量。

（七）转变观念，强化对网络课程开发与应用实践的管理

网络课程不仅是一种教学资源，更是一种基于网络平台的"教—学"组织形式和课程活动方式，而且网络教学过程中的教师角色也应该适当调整转变。在网络课程的"教—学"活动中，教师从单一的教学信息传授者转变为教学活动的设计者、组织者、管理者、咨询者、促进者、专家等多种角色。主持网络课程教学的教师的工作内容也不再以讲解课程教学内容为主，而应逐步体现为传递教学信息、提供相关学习资源、修订课程内容、指导学习、组织讨论、答疑、个别化辅导、作业管理和考试管理等网络教学环节。

教师角色的转变不仅要在观念和意识上体现，更关键的是要落实到网络课程开发和应用的各个环节中。这其中，尤其要加强教师在网络课程实施过程中的参与意识，能够及时、有效地对学生的自主学习活动进行指导，对协作、讨论学习等学习活动进行组织和管理。

教师作为管理者的角色，是教师角色转变中的一个重要的方面。在网络课程开发与应用过程中要求教师真正充当起管理者的角色，充分发挥好管理者的作用，较好地控制课程开发与应用过程，加强课程学习过程中的反馈交流，建立科学的评价指标体系，采用多样化、开放性的评价方式对学习者的学习结果进行及时评价，提高学生应用网络课程进行学习的效率和效果。

（八）加强网络课程开发与应用当中自主学习资源建设

自主学习资源是网络课程开发与应用当中重要的组成部

分，对学生进行网络课程的学习起到重要的帮助与支持作用。同时自主学习又是网络教育的一大特色，学习者通过自主学习，达到学习活动的时空分离，实现学习目标。目前绝大多数网络课程在自主性学习方面只是体现了学习者自己学习这一点，并没有为他们提供种种有利于进行自主学习的资源。

另外网络用户的广泛性，使教师很难预测网上学习者的原有认知结构和水平。对于一门课程来说，不可能做到百科全书式的阐释，只能关注本课程的教学，这样对于那些对该领域不甚了解的学习者来说，就存在一定的难度，尤其是一些专业性非常强的学科，对于这些课程的学习，学习者就非常需要得到相关知识资源库的帮助。而对于所有的学习者来说，在他们要对自己的学习效果进行检查时，还需要课程提供大量的相关案例，使他们在解决案例的过程中进行知识的重构。目前大部分网络学院和网校都提供了网上图书馆，但基于课程的却很少，而只是提供一些资源链接，同时能够链接到的有用资源并没有多少。因此，在网络课程开发与应用过程中要进一步加强自主学习资源的建设，为学习者进行网络课程的学习提供更多的有用的自主学习资源，提高网络课程的教学质量。

（九）重视网课程开发与应用中的艺术体现

网络课程的艺术体现是指在网络课程设计、开发、制作及应用过程中更好地体现艺术要素。即在网络课程设计、开发与制作过程中注意运用各种艺术造型的表现手法，充分调动艺术构成要素，使网络课程内容在表现形式上更具有艺术感染力；在网络课程的应用过程中注重学生艺术素养的培养和提高。

网络课程是一种综合的教学艺术作品。在网络课程设计、开发、制作与应用中注重艺术性的体现，是保证网络课程质量，使其具有良好的教学效果的关键。设计、开发、制作高质量的网络课程，不但要恰当地选择与处理教学内容，还要采用完美的艺术形式表现教学内容，使网络课程赏心悦目，具有很强的启发性和可视性，又富有表现力和感染力，应用这样的网络课程开展教育教学工作，才能更好地吸引学生，激发学生的学习兴趣，引发学生的想象力，开阔学生的知识视野，使学习者在接受知识的同时，受到美的教育，提高学生的艺术素养，提高网络教育的整体效果。

就当前我们开发与应用的大量的网络课程来看，对设计、开发、制作与应用中的艺术体现重视不够，致使网络课程的整体质量偏低，教学效果相对较差。因此，在网络课程开发与应用的过程中要特别注意艺术要素的体现，从根本上保证网络课程开发与应用的质量，确保网络教育教学效果的提高。

（十）充分发挥网络课程开发与应用专业人员的智能优势，提高设备利用率

在教育信息化建设过程中，各教育部门特别是各学校和一些应用项目都投入了大量的经费，购置了许多信息化硬件设备，而且一些部门的信息化硬件设备配置水平已达到了国际领先水平，这些信息化硬件设备正是教育信息化发展的重要支撑。同时，自1999年首批四所高校成立网络学院以来，如今全国已有68所大学设立了网络学院。在这68所大学网络学院中，绝大多数教师都可以说是网络课程开发与应用的专业人员，是网络课程开发与应用实践的主力军。

但在网络课程开发与应用实践中，许多信息化设备没有得到有效的利用，经常性地处于闲置状态，没有发挥出信息化设备应具有的教学服务功能，造成了信息化硬件资源的极大浪费。这些专业人员的智能也没有得到很好的发挥，他们中的大多数人却成了网络课程开发与应用的辅助人员，还有一些从事教学管理工作，造成了人力资源的极大浪费，也在很大程度上限制了网络课程开发与应用实践的深入开展。因此，网络课程的开发与应用要充分发挥这些专业人员的智能优势，提高信息化硬件设备的利用效率，提高网络课程开发的整体质量，提高网络教育的整体效果。

网络课程作为应用项目中重要的内容构成和资源形式，在应用项目的建设中受到了极大重视，得到了较好的发展。开发出了一大批包括各种层次的、各个学科的大量的网络课程资源，许多应用项目中也运用了大量的网络课程开展教育教学活动，取得了一定的教学效果。

但就应用项目中网络课程开发与应用的整体情况来看，网络课程的开发与应用还不能满足项目建设的需求，仍然存在着许多的问题。诸如有一些应用项目基层组织的网络课程资源相对缺乏，参与开发与应用的人员层次结构还不能满足项目发展的需求，存在为应付项目评估检查而应用网络课程的现象等问题。因此，在教育信息化新的发展实践中，要更加重视应用项目的建设，进一步加强应用项目中网络课程开发与应用实践，在更深层次和更广领域提高网络课程开发的整体质量和应用效益，在更大规模上提高人才培养的质量，为教育信息化发展做出新的贡献。

纪实节目"真实再现"的理性分析

曹海仙

综观异彩纷呈的纪实类电视节目，总能在其中发现一种表现手法，那就是真实再现，尽管这种手法曾经遭受强烈攻击，但时至今日，非但没有销声匿迹，反而愈演愈烈，凡是纪实类的电视节目，几乎都要用到真实再现，似乎不用就无法叙述，无法表现。据不完全统计，中央电视台几乎所有纪实类的栏目，诸如《东方时空》《今日说法》《讲述》《科技博览》《走近科学》《探索·发现》等栏目，都不同程度地存在着"真实再现"的做法。各地方台就更不用说了，各种纪实栏目竞相模仿，有些地方电视台干脆以"真实再现"为栏目冠名，河南电视台法制频道的"真实再现"栏目介绍是这样描述的："再现真实法律故事，传播实用法律知识。关注人物情感命运，礼赞忠诚法律卫士"。更有甚者，某电视台曾开办追求纪实风格的《新闻故事会》栏目，其中有的子栏目则完全是情景剧式的，通过演员参与演出的"演绎故事"来解读社会现象和民生问题。纪录片《河西走廊》第一集运用"真实再现"手法创作了大量的情节，《圆明园》更是如此。

"真实再现"之所以在很多的纪实类节目中被广泛地采用，并不断发扬光大，说明这种手法对节目的创作构建是有积极意义的。本文将对这种手法进行全景式的解读和分析。

一 "真实再现"的概念分析

关于"真实再现"，许多电视人都对它有着自己的理解。伊文思称其为"重拾现场"、"复原补拍"，国内有人称其为"情景再现"、"现场模拟"。事实上，"真实再现"的说法是不准确的，因为"生活真实"是无法"再现"的。而电视作品中的真实，完全是电视创作者提供给观众的视觉综合的世界，是"观察真实"，它属于"媒介真实"。媒介真实不能等同于现实的真实，媒介只是现实的一面镜子，它绝不是现实生活的完全再现。

电视纪实作品中运用的"真实再现"是指事件发生之时，没有任何一种方式记录下当时的影像，为了节目创作的需要，也为了让观众能够看到事件发生的过程，对事件的发生形成一种类似亲历的感受，电视创作者用一种虚构的类似电影叙事的方式把当时的情景重现出来，作为纪实作品的一种叙事方式和创作手法来使用。因此，严格来讲，这种手法应该是"模拟再现"。

纪实作品是需要用画面语言来叙事的，如果把解说词拿掉，观众还能否获得明确的信息呢？事实上，在许多的历史题材的纪录片中，只有采访者、文字和音乐在叙事，最重要的电视画面却不叙事，或者叙事功能很弱。如果把声音语言拿掉，就会让观众看得一头雾水。如果去掉画面，只留下声音语言，其叙事却基本清晰完整，笔者曾做过实验，在《河西走廊》第一集中，只听声音，不看画面，获得的信息基本是完整的。

由于历史题材的纪录片资料匮乏,绝大多数只有文献资料,即便是涉及近代历史的题材,影像资料也非常有限,更多的是文献、照片或者实物、遗留的环境等,因此"模拟再现"便派上了用场。中央电视台《东方时空》栏目在拍摄《阿炳1950》时,编导手中的资料只有日本人统治无锡时期阿炳良民证上的一张照片和1950年留下的六首曲子,如果仅仅用无锡当年的环境资料、访谈和那张照片,即便是凑起来,其视觉冲击力和传播效果也是差强人意。因此便采用了"真实再现"的表现手法。从小在无锡长大的编导衡青凭借自己对阿炳生活环境的理解,不仅很好地还原了无锡的历史街景,而且依靠自己对音乐的敏感,把他所有的理解转化为具体的画面,补充在他所有的叙事中。

2005年7月中央电视台播出的《郑和下西洋》也几乎完全是再现,它穿越600年时光,用现代面孔演绎明代悲喜。而《新丝绸之路》《复活的军团》《去大后方》等大型纪录片也大量使用再现手段,直观表现这些已永远消失、未被记录的往事。

在现实题材的纪实作品的创作中,也常常用到"真实再现",但不是类似于电影故事那样的演员扮演,而是由作品中涉及的真实的人去再现他们的过去。这种再现虽然也是由编导在现场导演的,甚至连人物的神情动作都经过全面的指导,但被形象地称为"摆拍",有很多电视人在创作中都在用这种手法,但学界基本持否定态度,反对的理由主要是认为打着纪实的幌子愚弄观众。事实上,同样都属于"真实再现",只不过是对再现客观真实的把握不同,也许,观众只看重的是作品是否有表现手法上的真实性,故事是否有感觉上的真实性。这就涉及另外一个问题，即受众心理和纪实精神的问题。

二 "真实再现"的受众心理分析

电视媒介能够逼真复现现实生活的外在形态，受众在观看纪实节目的时候，心理的预期会将逼真的纪实影像等同于真实生活中的客观实在，事实上，这种逼真的纪实影像并不等于真实。钟大年先生将电视纪实与真实的关系分为三个层面，即真实性、真实、逼真感。真实性是电视纪实作品与客观事实之间的关系，作品中的内容是现实生活中发生过的，就有真实性，否则就不具有真实性。这是纪实作品显现本体特质的基础。而真实是一种感受，是主观的，是观众接收信息的一种判断，因人而异，如果观众对内容的体验与客观现实相符，甚至与他们的想象相符，就构成真实感。逼真感则是纪实作品自身的体系问题。如果影像形态模仿真实生活非常成功，会给观众很强的逼真感。由此看来，观众对于纪实作品的情感诉求严格意义上说属于逼真性，是一种心理真实，也是一种情感真实，它具有一定的假定性，而其基础就是客观实在。这也就是纪实作品之所以可以运用真实再现手法的原因。

拍摄过多部获奖纪录片的中国导演陈晓卿曾表示，拍纪录片，实际上是在拍自己的"心"，镜头记录者的内心与精神世界，决定了电视纪实的内容、手法及风格。这就是纪实作品创作者的责任和良心，千万不能忽视客观事实，不能违背纪实作品的精神。

辽宁电视台的短片《天使》曾获中国电视纪录片暨中国广播电视新闻奖社教节目评奖短片一等奖，从节目内容看，应该与获 2003 年纪录片学术委员会短片二等奖的辽宁台《刘雁宝的故事》属于同一故事两个版本，讲述了一个善良的农村妇女如何买下一只受伤的天鹅，并收养照顾它的故事，中央电视台《讲述》栏目也对这个故事做过一期节目。《天使》采用的是由现实中的主人公自己来表演自己过去发生过的事，其中还有她把天鹅抱回家后和丈夫的对话，以及和丈夫商量给天鹅取名这段场景的对话，可以清楚地感觉到主人公在表演这些时的不自然，明显能感觉到镜头的导演痕迹。

对于不了解这个故事的观众，也许不会太在意主人公表演的不自然，但对于了解的观众，就会有一种被愚弄的感觉，毕竟，在《天使》中的再现时空与原来的时空有巨大的不同，创作者只注重于人物的表演，而忽视了对客观真实的把握，人虽然还是原来的人，事也是原来发生过的事，但一经不自然地表演出来，观众感受到的就是虚假和被愚弄，这是一种不负责任的创作态度。

"真实再现"手法的运用在纪实类节目特别是历史题材的纪录片创作中确实是必要的，但不是所有的内容都适合用"真实再现"，只有那些用纪实手法无法表现的时空，在尊重电视纪实创作精神、维护客观真实的前提下，"真实再现"手法的运用才是合理的。不能无原则地滥用"真实再现"手法，否则就会违背客观真实，使观众产生逆反心理，适得其反。观众是聪明的，他们完全有透过媒介真实去感受现实真实的能力，创作者应该具有明确的受众意识，不能低估受众的欣赏水平。

当然，就纪实作品来说，观众的诉求又不仅仅是真实感，还有在此基础上的故事性。如果纪实作品剔除故事或故事性因素不够，普通观众是不会感兴趣的。在欧洲某一次纪录片节目上，曾经出现过一部两个小时的纪录片，从头到尾一个镜头，男的在看报纸，女的在削土豆。看到一个小时，情节没有任何进展，评委都出来喝咖啡了。最后只有一个评委坚持到底，跑出来说，最后女的用削土豆的刀子把男的杀了。如果深挖，其中可能有很深刻的思想性，但对普通观众来说，如果经过一天的劳累，休息时还看到这样的纪录片，确实是一种折磨，纪录片也将失去魅力、失去观众。因此，纪实作品的故事性与真实感同样重要。

三　"真实再现"的导演把握

"真实再现"是一种创作手法，也是一种创作观念，它能够反映创作者对纪实精神的理解。创作者不但要明确为什么真实再现，如何真实再现，更要知道观众的心理诉求。纪实作品不是电视剧，真实再现仅仅是"再现"，不等于表演，因此导演要恰当地运用真实再现手法，以免混淆了现实和模拟。

首先，在内容处理上要淡化表演，突出客观过程。

"真实再现"追求的是对过去时空中的过程的客观再现，也许有情绪和氛围的营造，但不应该太细化，否则就会变成表演。表演属于虚构的范畴，如果因为这种表演而让观众感觉纪实作品中的故事、人物或情节有虚构的成分，作品对观众的感染力就会丧失。因此，对于"真实再现"手法，要把握适度原则，重客观过程的模拟再现，重意境和情绪的营造，尽可能少或者不要细节描绘。

同时，创作者应以真诚的态度让观众明确知道这些内容就是模拟再现,要明确告知观众,这涉及创作者作为传媒人的职业道德问题。也就是作为一个纪实性节目的创作者,有责任向观众提供客观真实的信息。

其次,在形式上要运用非常态的表现方式。

"真实再现"手法中形式的处理与内容是相关的,要淡化表演,形式必然要做非常态的表现。比如画面色调做灰暗处理,色彩可以是黑白的,也可以是泛黄或橘红的,有些彩色画面还可做柔化或虚化处理。另外,不能出现对话,不允许出现具象,如人物正面形象、行为细节等。在镜头的处理上避免常规化,多采用两极镜头、运动镜头、大反差画面等,注重拍摄的意境性和含蓄性,强化过程描述。

最后,在现实题材的纪实作品中要注意对过去时空的处理。

目前,在许多纪实类节目的创作中,对于过去时空,常用的方法是组织拍摄,事实上就是一种摆拍,创作者根据主题表现的需要,安排事件和人物活动。他们认为,组织拍摄是一种模拟还原,向观众展示的是事件本来的面目,并不违背真实性的原则。细心的观众能够发现,这样的做法在许多纪实类的电视栏目中都大量存在着。如中央台的《家庭》《共同关注》《讲述》《走近科学》等。这样做的确使节目能够情节完整、主题思想深刻,但是,由于导演的深度介入,事件的过程也许没有失真,但人物却失去了原有的自然的精神状态,表演的痕迹非常明显,观众感受到了做假,感受到了欺骗,即便观众还会相信这故事是真的,但其美学价值却大打折扣。2007年5月24日,中央十频道《家庭》栏目播出的"洞房里的约定",主人公谭群英一心想发展养蛇事业,一次,蛇爬到她的床上来，这个段落用的就是"真实再现"，由于镜头运用非常态的表现手法，因此观众感受到的是真实的意境。但在表现她经过锻炼后不再怕蛇，与蛇亲昵的场景，以及养蛇失利后的沉重心情时，却有了明显的表演的痕迹，那种做假和不自然透出了背后导演的影子，让观众感觉很不舒服。事实上，有很多的模拟再现是不必要的，完全可以挖掘人物的正在进行状态，挖掘与过去时空相关的资料信息，这些镜头画面不但不会影响对过去的叙述，还会增大作品画面语言的信息量，增加观众对事件更深入的了解。

还有的创作者低估了观众对纪实作品的欣赏、感知和判断能力，违背纪实精神和生活逻辑创作画面和场景。比如摄像机先是跟着甲去拜访乙，接下来双方见面的镜头却是从乙的家里拍摄乙开门，再看到甲。观众一看就知道这是导演不是纪实，因为记录者的介入，两人见面变成了表演。还有一种情况，拍摄一个人出门的镜头，主人公关灯出门然后锁上门，机位是设置在家里的，观众会想，记录者怎么还留在人家家里。这样的例子不在少数，既显示了创作者在生活逻辑把握上的欠缺，也反映了他们对观众的不尊重。

总之，纪实作品的创作重在纪实，重在对纪实精神的维护和体现，否则，纪实便失去了它的魅力。真实再现是一种可行的创作手法，但要把握适度原则，不能再现过头；把握必需原则，要用得恰当，用得锦上添花，不能滥用。特别是对于现实题材的纪实作品，要注重现在时态的抓取，重视创作的组织工作，先尽可能做好各种准备，尽可能避免组织拍摄。

以《楚门的世界》为例审视电影中的真人秀元素

杜臣弘宇

  2014 年年初，由电视节目《爸爸去哪儿》改编的《爸爸去哪儿大电影》上映，这部仅用五天时间拍摄、成本 3000 万的电影获得近 7 亿的票房成绩，引起媒体人的巨大争议，有观点甚至认为《爸爸去哪儿大电影》不过是电视节目的影院版本，但无论如何，这场由电视真人秀节目改编而成的"真人秀"版电影，将人们对"真人秀"的注意力从电视转移到了电影，电影中存在的"真人秀"又被关注起来。

  "真人秀"是后现代语境下电影和电视相互渗透和借鉴产生的结果，伴随着电视真人秀节目这些年风靡全球的态势，电影中也越来越多地关注到真人秀。但从历史上看，电影中的真人秀早已有之，从 20 世纪 80 年代开始，电影中就不断有涉及电视真人秀的元素，到《楚门的世界》上映时，电影以其客观、犀利的角度对电视中存在的真人秀展开审视，在电影里主人公是以电视人的身份出现，整个电影的剧情是对电视真人秀节目的呈现，展现出电视节目的策划、宗旨定位、形式特点等完整的制作机制，更重要的是电影里对电视观众的表现，电视真人秀的基本特征被放大呈现，展现出电影对真人秀的深刻思考。

一 消费文化下的商业逻辑

在农耕社会和前工业社会，人类文明主要以创造物质的"生产化"为主，随着后工业时代生产力几何倍数的增长，人类社会也逐渐摆脱了物质匮乏，带之而来的是以"消费"为中心的社会模型，消费在传统社会中被上流阶层的占有变成了平民化、大众化的社会剩余物，人对物的依附性和物对人的支配性被加强，消费的平衡被打破，消费社会来临。在消费社会里，经济、文化、社会被消费物质商品的动力所左右。鲍德里亚认为：消费不再是传统意义上的那种与生产活动相对的对于产品的吸收和占有，现代社会的"消费"是一种"能动的关系结构"，其对象不仅是那些被消费的物品，而且还包括针对着消费者周围集体和周边世界的意义；"消费"是一种"整体性的反应"，而一个社会的文化就是建立在这样一种整体性的反应之上。① 消费演变成一种文化意识形态，成为消费文化。与消费文化同时而来的是大众文化，大众文化在大众传媒的影响下扩大了影响力，另一方面大众文化以物质消费为内涵受制于商品经济的法则，逐渐展露出无深度、无历史、无时间的肤浅和感官文化中。

作为拥有社会主流话语权的电视媒体，在大众文化的影响下成为消费文化直接影响人们的载体，尤其是商业化运作的电视媒体，随着各自竞争日趋激烈，为了获得更高的收视率，只有不断推出受观众喜爱的电视节目以维持生存，来自市场的赞

---

① 盛宁：《鲍德里亚·后现代·社会解剖学》，《读书》1996 年第 8 期。

助就显得非常重要，甚至可以说，商业收入就是电视媒体的生命线。而广告又是商业收入的重要部分，它与电视互为载体，其具有的功利性和消费文化的物质性一拍即合，在传播中自然成为消费文化的核心角色，其传播效果也迅速壮大。

在消费文化中，电视媒体不提供商品给观众，而是通过广告创造商品的"价值"塑造观众的消费意识，使得观众的消费行为不全出自于自己的需求，很有可能变成在商品构造的意识形态下一种不自主的消费行为。① 美国市场营销专家菲利普·科特勒将人们的消费行为分为三个阶段：一是量的消费阶段，二是质的消费阶段，三是感性消费阶段。这种消费行为强调的就是感性消费。这种不自主的消费行为便是在感性消费的影响下催生的，它说明观众在电视的广告中看重的不是商品的质量，而是与自己潜意识感情的密切程度，这种消费行为是为了追求情感上的渴求或者商品与自我理念的吻合，通过感官刺激不断强化观众对广告的心理依赖性。于是在电视媒体中便不断充斥着各种利用观众感官进行感性消费的广告。为了扩大感性消费的传播效果，电视媒体采取反复强化的策略，通过高强度的传播，强制占有观众的注意力资源，不断培养观众倾向性的注意力，挤占观众作为传播对象所拥有的选择权利，从而观众对广告产生心理依赖，在消费行为发生时，便自然陷入广告所营造的记忆里。

在《楚门的世界》中，得以维持楚门三十年"虚拟"生活的不是导演克里斯托弗所代表的节目组，而是站在他身后的

---

① 郑晓红：《消费文化意识形态批判及其意义》，《安庆师范学院学报》（社会科学版）2008 年第 1 期。

商业财团，作为一档电视节目，财团需要楚门来吸引全世界观众的注意力，以出卖观众注意力资源给市场而获取利益，其最直接的获利手段便是在楚门的人生秀中加入广告。而观众在生活中是作为个体来存在的，他们的阶层差异、文化背景形成自己的独特性，但是广告是利益趋同下的价值趋同，不能满足观众丰富的独特性，这就需要通过一定方式影响观众，使其能具有规范的、趋同的观念。李普曼认为，在大众传播高度发达的现代社会，人们的行为与三种"现实"发生紧密联系：第一是客观现实，第二是象征性现实，第三是主观现实。[①] 在现今数字时代影响下，个体的主观现实需要通过象征性的现实来反映客观现实，而象征性的现实便是由媒介给予的。在电影中，楚门真人秀的节目组便通过在巨大的摄影内创造出一个"拟像"的生活环境，使这个生活环境包含了社会的完整生态链，在这个社会中，节目组通过控制主流话语影响了观众对环境的感知方式，提供并选择性地建构真实社会的镜像，形成了观众理解中的"整体世界"，与观众建立起情感上的沟通和联系，成为观众心理和感情的寄托，节目本身就自然而然地成为广告与观众之间沟通的桥梁。

为了最大限度地增强广告的传播效果，楚门真人秀的广告也是以一种商业性的角度加入其中，使广告和节目中的情节、人物有机结合，在无形中诱导观众消费欲望。在电影里，楚门日复一日波澜不惊的生活中，总有一对双胞胎兄弟早上和楚门热情地打招呼，将楚门推在墙上，实际上，镜头此时便顺势推

---

① 范嵘：《舆论的导向和偏移》，《苏州大学学报》（哲学社会科学版）2011年第2期。

向楚门身后的广告展板；楚门的妻子从外面回来，向楚门展示某品牌的刀具，并面对镜头说出广告词；楚门在和好友马龙聊天时，马龙向镜头展示一种啤酒，用陶醉的表情说出广告词；楚门在除草时也有镜头对准除草机上的商标。这样的广告展示贯穿节目各个场景，使观众在对剧情的观看中毫无戒备地将对剧情的感性投入转移到商品之中，尤其在双胞胎兄弟那里，每天都会以同样的方式去展现广告，强化人们的记忆，使观众产生了心理依赖。这种通过情节插入广告的方式也反映出电视媒体具有的"议程设置"功能，它能够提供信息、安排议程来影响人们的关注点和侧重点，在楚门真人秀中，由于节目组能控制楚门以外整个小岛上的生活，所以节目组会有选择、有目的地制造人物和情节来宣传广告，刺激观众消费欲望，让广告能以任何可能的方式出现在电视中。

楚门真人秀当中的广告也利用了明星符号去引导消费，明星具有话题性、吸引力和个人魅力，另一方面，普通人能够通过电视媒体而成为明星，明星在电视媒体也能完成个人形象的重塑。在楚门真人秀中，最大的明星和品牌便是楚门，从电影中遍布全球的宣传来看，楚门已经成为全球知名的明星人物，与现实中明星一厢情愿地代言广告不同，经过三十年的不间断播出的楚门，在其中是作为节目情节展开的决定性元素而出现的，甚至在长时间的影响中，楚门成为许多人的"朋友"，对节目也怀有深厚的感情，使得节目有很长时间和很多机会将商品融入角色生活之中，成为节目中人物生活和习惯的一部分，观众也被不自觉地引导关注广告，产生对广告的心理认同，电影中楚门真人秀的广告几乎全是通过楚门在现场的存在来完成的，达到了"润物细无声"的效果。而对于那些与楚门打交道的普通人，也在长时间的播放中被电视媒体塑造成了准明星，楚门真人秀中作为护士的妻子所指为标准家庭主妇的形象，楚门对面三口之家的黑人邻居所指为保守传统的美国家庭，楚门家旁边和善的老邻居所指为乐观豁达的美国邻居，这些符号化的特征在观众心理产生认同，电视媒体通过对这些人物的编码引导观众实现自我身份的符号化确认，使观众不自觉地受到消费符号的指引，完成消费过程。

楚门真人秀中出现的广告在现实中都是不存在的，反映出电影人刻意通过此方式来表达对消费文化以及与电视媒体关系的批判。

二 游戏规则下的人性展现

由于真人秀自身特有的规则、利益、纪实等属性，对人性的深度挖掘和展现成为其重要特点，它能将个体从大众中抽离出来，在规则和利益的制约下，与其他同样处境的参与者构成一种微妙的人际关系，还原出具体和本我的人性，表现出理智与情感、道德和利益的冲突，这种人性冲突通过画面和人物行动语言表现出来，就成为了大众娱乐的一部分。

电视与电影所展现的真人秀并不等于其纪实性下完整的记录呈现，要在短时间内表现出丰富的娱乐性、戏剧性、人本身的矛盾特性和社会属性的揭露，就必须人为地制造一些看起来"真实"的戏剧性冲突，其主要手段便是对规则的设定，甚至可以说，除了拍摄者和参与者外，还存在第三者——规则。有了规则的设定才能产生障碍，引发故事性的冲突和悬念，渲染紧张的氛围，继而才有了戏剧性的基础。

游戏是真人秀中假定情景中具体的规则设定，承担着基本的叙事方向，可以说参与真人秀的人们本身就是在玩一个巨大的游戏，连参与者自身也有可能成为游戏的元素，甚至是游戏决定了真人秀的内容，游戏规则也成了内容本身。德国哲学家席勒在《审美教育书简》提出"游戏"是人类的原始本能和原始冲动，人只有在"游戏"中才能突破社会繁文缛节的束缚，只有在一定的"游戏"情境中才能获得真正的自由，最终达到感性和理性、物质和精神的和谐统一。

　　对于真人秀来说，游戏开展的前提是有诱人的目标，因为这个诱惑的存在，参与者们进行了激烈的竞争，使得游戏的纯粹性丧失，变成了"伪游戏"，与游戏相比，它不关心游戏过程产生的愉悦，只关心最后的利益，是利用游戏的原始本能来激发观众全民狂欢的体验。

　　利益的诱惑本没有善恶之分，因为追逐利益是人类的本性，关键在于用什么样的途径去获取利益。规则设计的目的就在于对参与者进行规范和约束，而规则的设计具有主观性，它能让参与者按照规则设计者的愿望来活动，为参与者划定了行为的边界，体现出的是规则设计者的意志和利益。在消费意识形态的影响下，游戏规则指导着人们的生存和人际关系，所展示的人性都被转化为可以消费的对象，巨大的商业利益才是真人秀规则制定者的根本目标。在电视真人秀《幸存者》中，节目组将参与者扔在荒无人烟的地方，策划出一场现代人的生存游戏，在规则的设定下，参与者不仅要学会在恶劣自然条件下生存，还要处理人与人之间的关系，甚至还制定出让参与者可以使用除暴力以外的任何手段规则，使整个游戏弥漫着隐性丑陋的人性。而人性又具有两重性，一方面，人是自私的，人的生存就是无限追求个人欲望并得到满足的过程；另一方面，人又具有理性的一面，能够订立规则规范人们的活动。所以节目的参与者一面要争取巨额奖金，一面不得不认同游戏规则，规范自己的行为，展现出了复杂的人性。这场由规则架构起来的"人性游戏"，使得观众在观看中发泄了在现实生活中的压抑情绪，满足观众潜意识的游戏情节，体验到紧张、刺激、对未知结果的预期等奇妙的感觉，继而给节目组也是游戏规则的设定者创造了巨大的收视率和经济效益。

在《楚门的世界》中，即使楚门的生活富足、充实、无忧无虑，但他实际生活在被设定的游戏规则下，在这里楚门虽然是整个楚门真人秀的主角，可严格意义上说，他并不是这场游戏的参与者，他是被动地生活在游戏里的人，楚门身边生活的人才是这场真人秀的参与者，楚门不能离开小岛成为真人秀里最大的规则。这些楚门周围的人，参加的是一场时长近三十年的真人秀，电视机前这场秀里，他们扮演着关爱孩子的好父母、体贴丈夫的好妻子、分享痛苦和快乐的好朋友还有亲切友善的好邻居等，这个看似和谐的社会关系，实际上暴露出的是人性的丑恶，生活在楚门周围只是他们赚钱获取名利的手段，就像在追捕楚门的过程中，亲情和友情成为诱饵，人们会咒骂他让自己丢掉饭碗，没有人真正在乎楚门作为自由的个体所应有的权利。对于这场真人秀规则的制定者克里斯托弗来说，楚门的一生是他的事业，是得以名利双收的赚钱工具。甚至当观众为楚门走出摄影棚而欢呼时，还能否记起也是他们助长了这场游戏得以存活三十年、获得了无数关注和溢美之词，当楚门离开时，人们也只是平静地换个频道而已。在这里，楚门的"真人秀"被后现代主义解构和消解，改造成了为大众乐于和习惯解读的浅易文本，最终成为娱乐化的电视节目，忽略了楚门作为自由个体而存在的不平等关系。《楚门的世界》拓展了游戏规则所展现的人性复杂性，它不仅仅揭露了处于游戏中人们的人性，也对游戏规则的制定者和游戏的观看者进行了深刻批判和讽刺，对消费主义下的大众传媒做了深度反思。

真人秀在《楚门的世界》中是作为批判的对象而存在的，展现出电影人对电视文化中真人秀的思考，随着真人秀在电视中的持续火爆，反映出大众文化堕入娱乐至死的境地，电影也未能幸免，真人秀在电影中也沦为娱乐因素，消解了深层意义，电影的批判性也随之消失。

纪录片《河西走廊》的配乐分析

栾晓军

纪录片《河西走廊》正片十集，每集时长为 48 分钟。该片叙事的时间节点始于 2000 多年前的西汉时期，截止到我们当下的中国。该纪录片选取了 2000 多年来，不同历史时期围绕河西走廊这一空间内外，富有传奇色彩的人物和故事，以全景式的史诗般的叙事手法，讲述了河西走廊的历史、人物和文化变迁。全片以电影式的情景化、故事化的表达方式；用电影的拍摄视角，以电影的配乐理念再现了 2000 多年来河西走廊的历史与今天。纪录片《河西走廊》，用电影式的视听语言，全面展示了河西走廊的自然风光与人文魅力，展示了它的历史与现实价值。

由于《河西走廊》的叙事时间跨度巨大，从公元前一直延伸到近现代，在主题配乐的风格上要综合考虑河西走廊地区特有的地域风貌、风土人情，同时要关注到河西走廊的"丝绸之路"的国际化走廊的文化特征。对于历史题材纪录片的配乐在叙事上既要做到突出年代的历史真实感，同时要将特有的风格化、类型化的音乐风格融入到现代的影视配乐理念当中，还要关注配乐风格的国际化视角。由此可见，配乐必将是这部纪录片中除去解说之外的另一个重要的听觉语言。

《河西走廊》的配乐是希腊裔作曲家雅尼为本纪录片专门谱写，并与中国音乐家徐鲤合作制作的主题曲。乐曲使用了包括杜杜卡笛、竖琴、定音鼓、管弦乐队、人声合唱等众多声音元素，描绘了地处中国西部甘肃的河西走廊深邃苍凉的自然风光以及壮阔激昂的人文、地理、历史的梦幻景象。

　　一般来说，影视配乐不像影视作品中语言一般的语意清晰和直截了当，然而却可以起到含蓄、煽情和感人的功效。它往往是来自电视作品的作者——导演、作曲家以及后期音频制作人员，对影片叙事的内心感受，根据剧情或角色性格的塑造和渲染情绪气氛的需要而精心设计创作出来的。音乐的风格、样式、主题、旋律、节奏和时值的变化大都与画面所表现的内容情绪有关。它同时也起着解释、充实、烘托和评论画面内容的重要艺术作用。

　　在影视艺术作品中，可以通过音乐将现实环境和情绪表达融为一体，形成一种艺术境界。形成"情与景汇，意与象通"的效果，使得观众在欣赏中产生想象和联想，犹如身临其境，在心理及情绪上受到感染，从而使观众在情绪上引起共鸣。

一　风格化的主题音乐创作——配乐前期创作

　　在纪录片《河西走廊》的配乐中，音乐相对完整，情绪表达充分，且多次重复呈现过，并带有明显风格化的音乐主题有四段。这四段主题的风格统一于第一主题之中，同时各主题又带有不同的个性化特征。若将这四段结合在一起，可以明显感觉出乐曲带有主题与变奏式的编曲风格。同时，整曲曲风带有随想曲的特点。《河西走廊》的配乐以及编曲，在音乐曲式上其结构自由，带有随意性并富于生气，带有明显的标题音乐的性质。

纪录片片头字幕所呈现出的配乐部分即为本片的第一主题。我将这一主题命名为《河西走廊随想曲》第一主题。

第一主题：乐曲一开始，在大提琴由弱渐强的重奏引导下，小提琴声音逐渐渗入其中；由杜杜卡笛独奏在中音区轻轻地、持续地吹奏出第一主题，使人联想到河西走廊广袤空旷的景色。这一主题第一次呈现是在第一集《使者》中播放至25分10秒处，表现祁连山的自然美景桥段。解说词："匈奴语中的祁连就是天的意思，这片神圣的土地是月氏人的家园。"这一音乐形象（杜杜卡笛独奏）为本曲的主要背景音乐，在乐曲中反复呈现。杜杜卡笛轻轻地演奏，轻悠宽广的旋律形成了一种安宁静谧的气氛。随后由大提琴、中提琴、小提琴等弦乐在其他调上重复。接着，木管乐器的演奏渲染了荒原大漠戈壁荒凉寂寥的气氛。接着竖琴、大提琴、中提琴等乐器，用拨弦模仿出隐约可闻的马匹和骆驼的脚步及铃声。这一旖旎迷人的旋律，悠长平稳，具有古老东方的情调，使人仿佛看到一支疲乏的行商队伍在广漠的草原中逶迤而行。随后，定音鼓由弱渐强，仿佛在行商队伍的马蹄声中又响起了神秘古老东方情调的主题。这一主题渐渐增强力度，仿佛行商的队伍渐渐走近。经多次反复后，乐队全奏这一主题，形成了宏大的声势。随后，乐曲再现描写戈壁大漠广阔景色的背景音响和商队的驼铃声。东方风格的旋律也再次轻轻地重现。反复多次后，乐曲的力度渐渐减弱，仿佛行商队伍慢慢远去。这时，如同戈壁的回声，合并着东方情调及中亚色彩的主题及其他片段轻轻地回荡，最后在一片寂静中终曲。整曲以两个以上不同民族风格配器所形成的旋律，形成乐曲的内部对比，刻画了典型的景物化形象：在一望无际的河西走廊荒漠上，隐隐传来宁静的东方乐曲。马匹和骆驼的脚步声由远而近，随后又响起了古老而忧郁的东方歌曲。一支行商的队伍在通过一道道荒漠之中的驿站，穿越广袤而辽阔的戈壁远远走来。随后又慢慢远去。最后，在戈壁上空逐渐消失。整体演奏时间约为 5 分钟。

第二主题：乐曲的开篇以大提琴重奏配以木琴音色般的轻灵钢琴声，仿佛是遥远的地平线处，隐隐可见的驼队缓缓走来。我们似乎听到了阳关古道上的驼队响铃声，听后让人思绪回久远。在竖琴的引领下，木管乐声响起，唱响了河西走廊的第二主题。这一主题情绪悲凉，仿佛是湮没在古老河西走廊戈壁中的驿站遗留的回声。很快，定音鼓再次响起，定音鼓由弱渐强，连同铜管乐器有力地滚奏，象征着黎明前混沌的夜色和微露的晨曦。仿佛古老河西走廊上的往来客商们连同他们的驼队，迈着沉重的脚步，一步一步地从遥远的西方走来，从日出到日落，由黑暗到黎明。他们步履缓慢但透露着坚持与坚定，那是一种什么样的力量？那是一种源于信念的支撑力量，这种力量让他们朝向遥远的东方，因为那里有他们的梦，那里有他们对于未来美好生活的憧憬与期望。伴随着持续的定音鼓，声弦乐再次奏响。鼓声越来越强、越来越响，带着浓郁东方情调的旋律又一次唱响，几经反复后，以华彩段落发展到高潮，在最强音处，戛然而止。东方的音调伴随着中亚式的音乐风味，意味着曾经的"丝绸之路"上的辉煌，让今天的人们产生丰富的联想。在千百年的历史长河中，历代人们对河西走廊上历史的回望。西来东往的客商川流不息，怀揣着梦想的人们，在经历了无数的寒冻酷夏、雪雨风沙之后，他们的后人今天在哪里？他们的祖先当时究竟是怎样？可是这一切有谁能察！恐怕只有那终年划过河西走廊的风可听，只有那残存于荒漠中的驿站可见，只有那依然坚守的脚下流沙可察。本段音乐主题完整呈现在第一集《使者》的结尾即45分22秒处。汉武帝论功行赏，封张骞为"博望侯"，镜头切到地球的太空影像，解说为："在那个风云激荡的时代，这个星球的亚欧大陆上，几个国家的兴衰故事正轮番上演……历史的巧合让罗马的东征与汉帝国的西征在几乎同一时间遥相呼应，此时，汉帝国与匈奴的对决已愈演愈烈，打通河西走廊，挺进更加广阔的世界，正成为这个中原帝国越来越清晰的宏阔梦想。"本主题也为片尾字幕的配乐，不同的是，在片尾音乐中，去掉了大鼓的敲击声。该主题完整的演奏时间约为2分07秒。

第三主题：该主题一开始以竖琴琶音式的上下跳动，表现了活泼可爱的情趣。紧接着大提琴重奏声响起，音乐表现出一丝不安的情绪。再接着由木管乐器奏响了第三主题。乐曲简洁徐缓，伴随着竖琴的琶音，柔美动人。该乐曲运用切分节奏，符点节奏以及小调色彩，使略带伤感的情绪微微波动，犹如蕴含着悲愁的绵绵悠思。第三主题配乐第一次完整呈现，是在第一集《使者》播放至30分06秒处。汉武帝刘彻决定派出四路大军围攻匈奴，这是汉帝国面对匈奴袭扰的第一次全面反击，但结果是四路大军中，一路无功，两路折损。只有卫青一路取胜，并首次俘获大量匈奴士兵。夜晚，汉武帝刘彻独自站在繁星璀璨的夜空下，想起了九年前派出张骞时的满怀期待，此刻他并不知此时的张骞是否还活着。此刻的镜头切到身在匈奴的张骞。画面：张骞的妻子发现了他藏着的羊皮绘制的地图，手抚羊皮图卷。解说词是："只有细心的匈奴妻子会发现张骞偶尔会眺望东方。"这一主题经过摸进展开，在稍许减慢的速度上，管弦乐器的齐奏，将这一悲愁的情绪多次呈现。旋律如波泳般层层推进，恬美而略带忧伤，仿佛是对消逝的往日的回忆。该主题的音乐结构带有明显的变奏曲的曲风，通过旋律、调式、和声、节奏、节拍、织体等变化，充分展现了由木管乐器吹奏的悲伤性主题。这一主题音乐仿佛让我们感知到了身处异域不辱使命的张骞，感知到他13年间无数次对故乡长安的回望；替国分忧，和亲于异域，最终完成使命的解忧公主对魂归故里的期盼；感知到一次次的往来于悬泉置驿站为国操劳的常惠身影；感知到历经"五胡乱华"而坚守在临松薤谷传承儒家经典的国学及儒学大家郭荷、郭瑀、刘昞师徒传道、授业、解惑的样子。这一主题虽略带悲愁，但却哀而不伤，有种积极向上的力量。整段乐曲在辉煌华丽的乐声中结束。全曲完整的演奏时间为2分10秒左右。

第四主题：这一主题采用进行曲风格完成。从容不迫的节奏，隆隆的定音鼓强而有力地奏响，使乐曲显得庄严雄壮、气势宏伟。象征着黎明前混沌的夜色和微露的晨曦中，战鼓已擂响，出发在即。这是对汉武帝雄才伟略最激动人心的注解，让人在平静的叙事中感受到历史的震撼，既让人陶醉、骄傲，又催人奋进！该主题第一次呈现是在第一集《使者》中播放至26分42秒处。张骞出使西域五年后，仍然是杳无音讯，汉朝仍然没有他的任何消息，而此刻的汉武帝已经失去了继续等待的耐心，他召集群臣，商议应对匈奴袭扰之策，他决定即使在没有张骞的情报，没有外援的情况之下，也要坚决对匈奴的袭扰进行反击。随着铜管乐声部的加入，奏出威武雄壮、高亢嘹亮的号角性的进行曲主题，表现了威严的朝堂之上，朝堂重臣肃立于朝堂之前，随后铜管乐器的出现展现出众臣面临的极其严峻的形势。战鼓依然在擂响，新的征程即将开始，整装待发的士兵英武潇洒，他们面临的是漫长而艰苦的征程。随后，乐曲在明快的进行曲节奏衬托下，管弦乐齐奏再现了开头部分的威武雄壮的主题，并在新的调性上再次反复，乐曲在深沉而雄壮的气氛中结束。全曲演奏时间约为 1 分钟。

在全片的配乐中，上述四段能称为主题音乐，不仅仅在于其旋律的相对独立与完整性，更多的是体现在它们大多应用在全片的核心段落中，并且以多种变奏形式在每集中都交替呈现，起到了渲染情绪、刻画情节及强调主题的作用。

二　成为纪录片主题配乐——配乐的后期合成

对于影视作品中的主题音乐，通常的表现方法有以下两种：音乐主题与角色环境在相同的时空内同步出现；声音主题与角色或环境在不同时空交叉出现。

为已经编辑完成的纪录片进行后期配乐，无疑是对已有音乐素材的二次创作。《河西走廊》的配乐可谓当今中国纪录片配乐中的佼佼者。

在全片配乐中，除去主题音乐的应用，更有大量的主题音乐表现外的各类场景音乐，或称副主题、副标题音乐。对于这些场景、人物或事件同样编配了数量众多的配乐创作。纵览全片450分钟的节目时长，四段主题音乐合起来也不过十多分钟，而全片的大约八成以上的剧情中多有配乐的存在，这类片段式的配乐在每集约有 20 分钟以上。这类副标题音乐与每集叙事中的具体场景、事件或人物相互配合，创造了这一视听经典。

例如，在第四集《根脉》中，讲述的是魏晋时期，中原大乱之际，河西走廊以其相对安定的政治环境庇佑了迁徙至此的儒家学者。儒家文化自此在河西走廊扎下根脉，并最终东渐反哺中原，成为隋唐文化和制度的重要来源。片中大儒郭荷、郭瑀出现在马蹄山下的临松薤谷场景时，为该集的副主题配乐，配乐以充满参悟感的笛声开启，加入轻灵跳跃的竖琴音色，跳动的音乐像是乱世当中的一缕清风，送来了儒学大家们的国学思想，音乐伴随着画面中的青山翠谷，预示着儒家思想将在河西走廊传播下去。该场景配乐具有现代新世纪音乐风格，使观众精神为之一振，深陷其中。这种以主题配乐引领全片，以副主题配乐表现多样化的线索为本片配乐的一个显著特点，这样的例子在每一集当中都有呈现。正如纪录片音乐团队项目负责人郑健说："对于纪录片中的多个线索，我们针对性地创作了第一主题到第四主题等不同的主题配乐，我们以这些线索为主干，在功能性、时代特点上用了非常细致具体的手法来体现。"从雅尼接受凤凰视频的独家专访中也可以感受到这点。为本片作曲的雅尼，也对于本片的后期配乐制作给予了很高的评价："他们的剪辑使我的音乐听起来更好，音乐使画面更好看，这是完美的结合，当我听到时，浑身起鸡皮疙瘩。"

纵览纪录片《河西走廊》的整体配乐，它是通过音乐将影像中的现实环境、虚拟再现及情绪表达融为一体，形成一种独特的艺术境界。形成"情与景汇，意与象通"效果，使得观众在欣赏中产生想象和联想，犹如身临其境，在心理及情绪上受到感染，从而使观众在情感上引起共鸣。

三　关于音乐的主题——雅尼的东方情结

音乐的主题又称为主导动机，原是音乐中的一个术语。在影视艺术作品中，通过将一种具有某种含义的声音（语言、音乐和音响）赋予某个角色或某个环境，并使得这一声音主题多次出现或贯穿始终，以达到刻画人物性格、表达作品主题等目的。承担这类功能的音乐，被称为主题音乐。

对于纪录片《河西走廊》的主题音乐，雅尼这么说："我终于想到用我所知道的来表现中国的灵魂。必须说真话，要用音乐来说真话，这是我所理解的中国。就像是中国从我的身体里经过。旋律很重要，这是人们所记住的东西。人们可能会在很长的时间内记住纪录片的主题音乐，世界其他国家也会理解它。可以肯定有中国音乐的影响，也有欧洲音乐的影响。因为是经过我的手，它里面有许多雅尼的特点。""最重要的事情是主题音乐，你可以将许多元素融入到你的音乐里，人们将记住的是主题音乐。旋律就像是我们西餐里所说的肉，如果你没有它，你还会有什么呢？这就是主题音乐的作用。跟画面配得上就很好了。""首先我希望他们能够欣赏它，另外呢，这部纪录片是从过去一直至现在，所以它所反映的内容不是一个地区、一段时期，我认为它有助于让世界从另一个视角来了解中国，我做的也是这部纪录片所做的，这部纪录片让世界其他地区的人们了解中国会起到非常好的作用，因为人们还不了解中国，除非你来这里，否则你不会真正懂得，真正了解这个国家。"

雅尼的音乐《河西走廊随想曲》是对汉武帝雄才伟略最

激动人心的注解，也是对丝绸之路延伸段的河西走廊自然、人文与历史的遐想。让人在平静的叙事中感受到历史的震撼，既让人陶醉、骄傲，又催人奋进！

四　结语

"弹指间，沧海桑田；一刹那，转身千年。"

千百年来，杜杜卡笛久久地回荡在河西走廊的上空，这是来自欧亚交界处的亚美尼亚远古的笛声。它跟随着古老丝绸之路的脚步，从欧洲到亚洲，由中亚到中国。笛声响起，不觉会让人有种时空转移的错觉。这声音不是属于现在这个喧嚣的世界，它属于那个古老的年代。这笛声如千百年来掠过河西走廊的风一样，千百年来不曾改变。眼前甚至会幻化出一种场景：夕阳西下，穿越在河西走廊丝绸之路上的商队正从远方缓缓走来，一路向东。在这孤寂的旅途上，他们用吹奏来缓解思乡的情绪。而那愁思却伴随着音符连同河西走廊的风一起，像薄暮的烟霭那样倾入人的心头，笛声裹挟着风声一起越来越浓郁，充满着希望与梦想。

当年，身处广袤西部和遥远欧洲海岸的人们，怀揣着对未来生活的期望和对未知世界的探求踏上了东行的路途，从此穿越了河西走廊的丝路绵延伸展，马帮与驼队日夜兼程，财富与憧憬成为漫漫旅途中坚持的梦想；在这条神奇的河西走廊上，一代又一代的行者穿越时光，重复轮回，把一个个遥远的国家联络成一个更加宏大的格局。河西走廊不再是单纯意义上的地理概念，它意味着一种历史、一种文化和一种使命，她是丝绸之路的象征和缩影。

纪录片《河西走廊》，让我们看见一个古老的帝国沿着古丝绸之路延伸，逐渐兴起、辉煌。穿越时空，最后回望长安，一个强大的帝国巍然而立在世界的东方，任何力量也阻挡不住它昔日的辉煌。

　　2013 年 9 月，习近平主席来到中亚，首次提出"丝绸之路经济带"构想；不到一个月，他又在东南亚首次提出了"21 世纪海上丝绸之路倡议"；2013 年 11 月，"一带一路"写入中共十八届三中全会决定，上升为国家战略。这一跨越时空的宏伟构想，从历史深处走来，融通古今，连接中外。可以预见，随着中国"一带一路"的建设，位于古老的丝绸之路的河西走廊，也将迎来新的机遇与挑战，她必将迎来更加灿烂的明天。

《晚钟》的形式语言分析

杨凤鸣

一　内容解读

　　《晚钟》以单纯化的形，以圆浑的造型、统调的色彩、简明的构图，创造出诗一般的静穆意境，创造出纯朴诚挚的农民

形象。它为农民建立了丰碑，它为质朴真诚的品格建立了丰碑，它拨动了每一个人灵魂深处的心弦。

《晚钟》描述的是一对农民夫妇在夕阳暮色中随着远处教堂的钟声虔诚祈祷的情境。整个画面安静而又庄重，让人看到穷困、容忍、宽厚、善良的形象。作品中所蕴含的庄严和崇高深深地打动了世人的心。米勒认为劳动是必需的，是道德的体现，虽然很艰苦，但却是最美的。此画的意境主要是表现钟声，因为他画《晚钟》时，曾回想到童年时代在田间劳动时，每当晚钟响起，祖母总要一家人停止工作，为可怜的死者祈祷。在诚实的劳动者身上，宗教信仰就是"追求道德"，就是"向善"。他们相信"人不单是靠面包活着"，更是靠理想的支持。他们认为统治阶级的贪婪无耻，违背"上帝的本意"。从劳动者自身的笃信言行和苛求于己方面，反映了他们品格中安贫乐道的素质。

钟声从丹枫白露一望无际的田野上飘过，一对衣着朴素的农民夫妇赶紧放下手中的劳作，妻子双手放在胸前虔诚地祈祷，丈夫急忙摘下帽子，与妻子一起向上帝祈祷，身旁的小推车上土豆麻袋装得鼓鼓的，是他们辛劳了一天的收获。那一刻他们的灵魂被略带悲凉的苍茫暮色所笼罩，他们的心灵宁静而平和，仿佛那钟声可以描绘出天国的圣洁和静好，可以彰显出人性中的宁静和尊严，甚至可以洗去他们一天的辛苦与劳累。他们向上帝虔诚祷告，祈祷灵魂的纯净与升华；祈祷命运不要坎坷，下一个丰收的秋季能平安到来；或者，祈祷上帝能够赐予他们在贫穷与困苦中坚强活下去的勇气。正如米勒所说：虽然贫困和劳动对人们来说是无休止的永恒，但人却要在逆境中争取真正的人情和深厚的诗意。

米勒笔下的农民没有精致的面容与华丽的装饰，他们是疲惫、穷苦、终日操劳的贫困者，衣衫褴褛，肌肤黝黑，佝偻的身躯，粗大的手掌。《晚钟》里农民夫妇的虔诚、纯朴和诚挚触动我们的心灵，可是画中所反映的现实又形象地告诉人们，他们虔诚的回报是什么——简陋的工具，破旧的衣衫，两小袋土豆，在无垠的大地的映衬下，他们是那样的孤立无援。

《晚钟》的主题不单是对命运的谦恭与顺从，更重要的是人们缅怀那些在大地上辛勤劳动、流尽汗水以养育众生的农民。这些外在粗陋朴实而内心纯净、虔诚、善良的农民形象，体现了米勒对农民的深深理解和深厚的感情。他们日复一日地劳动，来养育这伟大的民族，来缔造这美丽的国家。这便是米勒的美学，这便是米勒要为之呕心沥血地赞美歌颂的法兰西农民的形象。

二 形式解读

（一）构图分析

米勒能从复杂的生活中捕捉到特定条件下的典型动作，并将其重新安排在合适的环境之中，然后按画面需要加以比例调整，以表现人物的气质和内在生命。他曾写道，所谓构思是指把一个人的思想传递给别人的艺术，任何艺术都是一种语言，而语言是用来表达人的思想的。① 正是这样，米勒用自己富有诗意的绘画语言，歌颂了人性的真，向世人传达了劳动的美。

《晚钟》采用的是横式构图，视觉中心是画面中间的农民

---

① ［法］罗瑟琳·巴孔：《米勒和他的素描》，《世界美术》1981 年第 1 期。

夫妇。地平线占到画面2/3，平行的五条横线，带给人宁静安详的感觉，大面积的荒凉大地深邃而压抑，在夕阳暮色的笼罩下增添了几分悲凉。一对年轻的农民夫妇伫立于广阔的大地之上，坚韧谦卑，象征着农民的纪念碑，顶天立地，用疲惫佝偻的身躯支撑着命运的沉重与沧桑。他们的身影与地平线交叉的形式，形成双十字构图，使人联想到了庄严神圣的"十字架"。农妇低头呼应农夫，表现基督教的虔诚感的同时也拉近了农夫、教堂与观赏者的距离，并强化了教堂钟楼的音响效应。

（二）造形分析

米勒的创作是建立在他深厚农村生活基础之上的，他的作品并非是生活的简单模写，而是经过了对生活的细致观察，处处都传达出作者作为普通劳动者的心声。

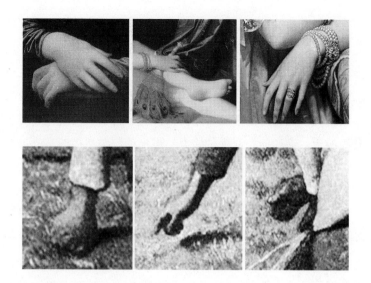

　　《晚钟》刻画的农夫拿着自己的帽子，弯曲着双腿背对教堂默默伫立，他的妻子面向他俯首弯背。米勒并没有精细刻画主人公的面部细节，也未对他们做任何的矫饰和美化，而是采用现实主义表现手法，以整形感人，把他对土地和农民至深至诚的感情融入了这永恒的真实中。

　　米勒的画中常把人物背向阳光，表现出他们那种面目模糊然而却像巨人一般的形象。画面中主人公面目不清晰，没有细节的塑造，但这模糊不清的面庞，却透着永恒的安详与平和。农妇放在胸前的双手，没有过多的修饰，粗糙而厚实，告诉我们这正是一双农民的手，只有每日在地头田间辛苦劳作的农民才会有这样一双透着沧桑与苦难的手。她的双手没有贵妇光滑白皙的触感，没有宫女纤细精致的外形，也没有任何华美而贵重的首饰装点修饰。她的双手骨骼宽大，皮肤粗糙，甚至布满了茧子与伤口。

当教堂的钟声响起，农妇粗糙的双手合十，是那样的真诚与平和，似乎这双紧紧合在一起的手中孕育着希望的种子，这种子随着钟声的蔓延播撒在广阔的大地上，生根发芽，生生不息。她虔诚地向上帝祷告，艰苦的生活并没有使她的灵魂变得污浊粗糙，也没有磨灭她对幸福的渴望、对自由的渴望和对生命的渴望。这样的一双手带给人们震撼的同时更多的是心灵的压抑，这是苦难的岁月留给人们永恒的记忆。

米勒画中的农妇都有着这样一双历经苦难的粗糙的大手，这双手真实反映了农民的生活。她们的双手负担着生命的重量，播种、收割、洗衣、做饭……她们没有时间也没有条件护理自己的双手，这些农妇如同大地母亲一般，倾尽自己的所有养育这广袤的土地和人民。那些刻在她们双手上的伤痕，也象征着米勒竭尽全力想要告诉人们的法国农民不朽的尊严与崇高。

（三）画面结构分析

画面中昏暗色调占 2/3，象征着困苦的生活；亮色占 1/3，象征着希望和农民面对困境不悲哀不放弃的坚韧精神。草地由近到远、从下往上逐渐变亮，有很强的空间感，也象征着农民宽广的胸怀和对命运的包容。远处的夕阳从左至右逐渐变暗，说明夜晚即将来临，带有微微的忧郁与苦涩，也预示着下一个充满希望的黎明的到来。

画面中的九个圆圈，象征着农民对艰苦生活的忍耐和他们坚韧勇敢的心。教堂的钟声响起，年轻的农民夫妇虔诚祷告，他们的身后，有无数起起伏伏的草垛，一直延伸到远处的教堂。这些草垛好像农民生活中的坎坷与艰辛，它们密布在主人

公和教堂之间，预示着他们向上帝的祷告要经历如此多的坎坷才能到达，他们所怀抱的希望之路会遇到无数艰辛与险阻，在这些艰难和坎坷中，也映衬出法国农民在困境中不屈不挠，坚韧包容的精神。

（四）色彩分析

《晚钟》运用了褐色调，让人感觉到一种辽阔、苍茫、悲伤的氛围。主人公、寂静的大地和天空、简陋的工具（左侧是挖土豆的铁铲，中间是装土豆的破篮，还有小推车），融入黄昏迷雾中，透出悠悠的悲凉，这一切都好像在诉说着农民的贫困和命运。画面中四种类型的色调共同存在，每种色调都拥有其独特的意蕴。朴素色调使人联想到黄土高坡、老树干、老农民、旧渔船、干草堆等，多选用土色系列色相，如土黄、土红、橄榄绿、熟褐、普蓝等。朴素色调纯度低、明度低、粗糙厚实、浑厚凝重，具有沧桑感和质朴感。用色多为多层厚堆。同类色调是非常调和的色调，具有古典式和谐之美。同类色指同类色相的不同冷暖深浅组合。厚重色调给人以凝重感、浑厚感，如同烛光下的色彩效果。厚重色调的特点是整个画面较暗重，纯度较低，色层重叠厚实。厚重色调比较典雅、古朴，色彩感不强，以暖色重色为多，常以棕褐色为主。苦涩色调令人联想到咖啡、茶、苦瓜、海水，令人联想到苦涩的生活或心情，色调基色多选用褐色、橄榄绿、普蓝、灰色，色调纯度较低。线条宜断续枯苍，肌理宜粗糙凹凸，造形宜方硬尖角。

（五）意蕴分析

静寂之美是米勒在创作中追求的最高境界，他通过《晚钟》向人们传达出回旋在大自然与人类心灵中的静寂，这种静寂带给观看者无限的沉思和深邃的空间。米勒的艺术语言有着一种稳定的旋律，他在许多画面上所表现的环境都是处在接近黄昏，大地快要沉默的时候，一切都是那么恬静、含蓄。如果说柯罗迷恋于晨光熹微的自然世界的美丽，那么，米勒所沉醉的便是黄昏时刻的沉默。它超越了贫穷与艰辛的表象，使农民形象具有了纪念碑式的永恒性。

米勒坚信劳动是一种高尚的品德，双手只有不停地劳作才能有面包吃。他笔下的人物就如同他粗糙朴拙的线条一样，质朴、坚实，但却是最具有表达力的典型。农民以一双任劳任怨的手和一颗安分守己的灵魂，被世代流传的宿命思想桎梏着。而米勒他熟悉农民生活，也了解农民的痛苦。他说：我一生都在致力于观察田野，所以我要尽我最大的能力，说出我在田间劳作时所看到的和所经历过的东西。① 正因此他知道怎样用画笔去描绘土地、赞美劳动和同情艰辛的劳动者，只有劳动，才会有收获，这是生活的真实，也是艺术的本质。

---

① 韩泽明：《解读米勒》，《内蒙古艺术》2007 年第 2 期。

饕餮"声"宴

——第17届齐越朗诵艺术节随想

李 丽

2015 年 11 月，作为齐越诵读艺术节复赛阶段的评委，我在两天时间里，现场聆听了来自全国多所高校选送的 100 部朗诵作品。如果单独去听这 100 部作品中的任何一部，都可以说是视听盛宴、精神享受，因为本届参赛选手都很年轻，他们颜值高、身形好、声音妙，绝大多数选手已没有语音咬字等低级问题，语言基本功都可谓扎实！但是不怕不识人，就怕人比人，将 100 多部作品集中到一起聆听欣赏，高下立见！我在比赛评审当中发现的一些倾向问题，想今天提出来和各位专业人士讨论。

一 作品类型

（一）诵读方式

我粗略地分了一下，在进入复赛的 100 部作品中，从诵读方式上，大概可分为以下五种类型：演诵、朗诵、吟诵、话剧桥段、小品片段。

（二）舞台呈现形式

从舞台呈现形式上，又可分为三种：群诵（三人以上）、对诵（两男、两女或一男一女）、独诵。

（三）诵读内容

从诵读内容来看，因为本届参赛主题是"纪念中国人民抗日战争暨世界反法西斯战争胜利 70 周年"，所以很多学校选送的作品都是"苦大仇深"的抗战题材。大家深知艺术作品的创作，尤其是有声语言艺术，一定要靠故事、人物、细节、情感打动人，因此虽然本届齐越节题材较为宏大，但多数作品的落脚点往往比较轻巧，会选取大时代中小人物的故事，以小见大、举重若轻。

二 从朗诵形式引发的思考

（一）朗诵方式为什么以演诵为主？

在这 100 部作品中，演诵印记比较清晰的作品有 50 部左右（包括此前提到的话剧桥段、小品片段），偏演诵的朗诵作品有 30 部左右，朗诵大于演诵的有 15 部，吟诵作品最少，不超过 5 部！在以上文字中，出现频率最多的词汇就是演诵，演诵似乎成为今年齐越节的主流。因为演诵，很多选手直接着角色服装，因此出现了和服、军服、大褂儿、旗袍，甚至有的选手直接化角色妆，让人一看就是老人、军人、商人、妓女……我不能直接下定义说这样是好还是不好，但是从观者的角度来看，同样都是用这些方式，有的作品就让人舒服、信服，而有的则让人别扭、膈应！比赛间歇，我请教其他评委老师对此的看法，中央人民广播电台的肖玉老师也没有给出定论，认为还是看"题材"，根据题材决定是适合朗诵还是演诵。

（二）为什么近年来在学院派的朗诵比赛中会频频出现演诵呢？

我认为和我们这个时代的浮躁情绪有关。演诵更直接、更一针见血。在我们的传统朗诵中，要求诵者心中有情有景，言语传递也要有情有景，用有声语言情景再现，使听者如临其境，产生情感共鸣。这样的过程需要诵听双方都要入境才可。而现今什么都要快，都要开门即见山，所以演诵方式大受欢迎，看着像、听着像，结果就仿佛"是"了。如此看来，传统朗诵的"我就在"和如今演诵的"我就是"各有千秋吧！

（三）朗诵形式的变化也值得关注

本次齐越节群诵特别多。四五位俊男美女舞台上齐刷刷一亮相，煞是好看！像韩国的主持团，总有一款适合你！对于群诵这种方式，我仍然无法简单说好还是不好，但本次的群诵确有一些是为形式而形式的。人数多、气势足、嗓门大，但内容空洞，还有些群诵直接就是话剧桥段的展演，更谈不上诵！

吟诵这次最少。吟诵比较适合古体诗词，因为古体诗词在表达上会无形中有一些天然的传播障碍，所以选手较少涉及。此次复赛作品中的《木兰辞》《兵车行》都是吟诵比较成功的典范！

独诵也很少。因为以上所说的原因，选手也许觉得独诵会显得单薄，但物以稀为贵，艺术比赛是求同存异，重在异。本次比赛的独诵《最后一课》《哑巴渡》都因为诵者扎实的基本功和强烈的现场感染力脱颖而出！

三　涉及朗诵的一些其他问题

（一）语言暴力的问题

在朗诵大赛中还出现了一些问题，如语言暴力。在电视媒体的视听语言传播中，对于特别血腥、惨烈的画面，在播出时会打马赛克或者直接摒弃，我认为语言传播或者说朗诵也应如此。但在这次的朗诵比赛中，有些作品着重去强调一些血腥的东西，如《不死的骨头》的结尾部分，选手刻意的强调、断句，让人听着心里非常别扭，心灵层面上也是有些扭曲的！

还有的作品立意方向上有问题。为了突出地域特色而特别创作的题材，对伟人的生平言说进行主观臆造，明显有着地方保护主义色彩（此处不便点名）。但如果作品立不住，诵者就不会令听者信服，作品就失去了根基！

（二）关于作品的问题

总体来看，本届齐越节原创作品不多，题材撞车现象明显，有的作品三进宫。虽然演绎的方式都不尽相同，但后面的选手难免给人拾人牙慧之感！因此，发现好作品、创作好作品成为当务之急！

（三）齐越节和夏青杯

齐越朗诵艺术节是全国各高校大学生的竞赛，播音主持专业的学生较多，可以说是专业选手的比赛；夏青杯朗诵大赛是全国朗诵爱好者聚会的平台，可以看做是业余选手的比拼。本月1日、2日我观摩了第四届夏青杯朗诵大赛决赛，整体来说，夏青杯的选手从表达形式上不如齐越节的选手，但从内容上看更走心、更接地气，不管怎么说，任何成功的艺术作品一定是形式与内容兼具的。

四　畅想明年

在明年的齐越节上，同学们应该怎样准备作品呢？

（一）优秀的、适合朗诵的原创作品当然最好，但得有那个实力！

（二）要选择适合自己的作品，不是所有优秀的作品都适合你，你一定不是万能的。男声女声选择作品不同，不同声线选择作品不同，千万不要混淆。

（三）对诵作品一定要注意交流。本次比赛有很多对诵作品，但奇怪的是，相当多的诵者和诵者不交流，都是自说自话，自我感动，台下听众很难跟着诵者情绪走。

最后说说怎样衡量语言艺术作品的水准呢？用三个字作为参照：信、达、雅。信：态度真诚，基于内心真情实感的表达，受众就觉得可信；达：语音清晰、表达流畅、受众通晓可谓达；雅：意蕴丰富、文辞优美、清新隽永就是雅！

"传媒六艺"大学生专业技能综合提升工程

（修订稿）

（2012—2016）

在知识经济已初见端倪的当今世界，国力竞争日趋激烈。教育在综合国力的形成中处于基础地位，劳动者的素质、各类人才的数量和质量直接影响到国力的强弱。民族素养和创造力早已成为一个国家综合实力的重要标志，成为推动经济增长和社会发展的关键因素。我国改革开放正在向纵深发展，社会主义市场经济体制已经建立，高等教育事业得以长足发展，高等学院的办学规模不断扩大，大学毕业生的数量逐年增加，大学生就业遇到了前所未有的挑战。面对市场，面对竞争，大学生要能够参与社会竞争，适应社会要求，在激烈的人才市场中能够脱颖而出，就必须从以往的片面注重专业知识学习，转到同时注重提高自身综合素质的轨道，培养自身正确的思想意识、良好的道德品质、健康的身心素质、畅达的语言表述、优雅的形象气质、良好的艺术修养、和谐的人际关系、熟练的电脑应用，以及一定的工作经验和相应的写作技能等。

本工程旨在通过整合优化教学主渠道外有助于学生提高综合素质的各种活动和项目，注重课内外相结合，第一课堂与第二课堂相结合，学习与实践相结合，在思想政治与道德修养、社会实践与志愿服务、科技学术与创新创业、文体艺术与身心发展、技能培训与社团工作等方面引导和帮助广大学生完善智能结构，努力营造全员育人、全方位育人、全过程育人的和谐氛围，培养出适应社会需要、符合时代要求的高素质创造性人才。

一　背景分析

要想全面提高大学生的素质，就必须要先看到部分大学生在素质方面存在的问题和不足。目前大学生综合素质培养中存在的问题主要表现为：

1. 动力不足，缺乏恒心。当代大学生价值取向呈多元化，部分学生政治观念模糊，没有远大的理想和抱负，趋向于实用主义，重功利讲实惠，缺乏长远打算、远大理想、抱负和社会责任感，因而没有强大的动力。

2. 缺乏奉献精神。在父母身边生活惯了的学生们，容易形成"小皇帝"脾气，因而养成了只讲索取、不懂奉献的习惯。难免导致成年后的敬业精神匮乏、社会诚信形象不佳的情况。背离了职业人才的最基本、最核心的要求，难以适应社会发展要求。

3. 缺乏集体观念。没有团队意识，任何集体活动都引不起他们的兴趣，对自己自由放任，不遵守规章制度，也不把集体荣誉当回事，我行我素，浑浑噩噩，对班干部的号召置之不理，对老师的规劝全然不顾。生活在自己的小圈子里，与自己所谓"志同道合"的朋友待在一起，全然不知身边的同学进步多快，收获多大，学业就此荒废。

4. 缺乏正确开展社会交往的能力。有的学生唯我独尊，举止不雅，破坏公共秩序、语言粗俗，容易被宿舍成员排斥；有的学生性格孤僻，自制能力差，不善于交往，缺乏宽容与合作精神。

5. 缺乏自理、自立和解决实际问题的能力。专业基本功不扎实，专业素质不高，实干能力欠缺，被动应付现象突出，主动参与能力较差，缺乏解决问题的能力。

6. 身体、心理上的问题。许多学生身体状况不佳，身体瘦弱，眼睛近视，有许多学生体育成绩一般或勉强过关，心理比较脆弱，一旦受到挫折就容易产生心理障碍。自我意识过强或过弱；心理脆弱，耐力低下；环境转换、角色转换不适；学习负担重、学习方法不当，彼此间的激烈竞争形成过重的心理负荷，从而引发神经衰弱、焦躁、抑郁。人际交往障碍；由于认知不良、沟通不畅、情绪反应不当以及缺乏社交基本态度与能力而引发的人际关系失调和人际冲突；自我评价失真、心理期望值过高；贫困学生由于经济压力而产生的自卑、失望、无助和焦虑情绪；当遇失恋、单相思、恋爱冲突等情感挫折时所产生的易激怒、抑郁、冷漠甚至自虐；等等。

二　指导思想

坚持以科学发展观为指导，以学生就业为导向，主要依托学生第二课堂这一主阵地，优化能力培养内容，精心设计活动载体，按照"分类培养、突出特色、全面发展"的思路和"宽口径、厚基础、求创新"的原则，以综合素质培养为突破口，采取教学讲授、典型引路、考研教育、专题讲座、科技活动、社会实践等多种形式对学生开展丰富多彩的素质培训活动，发挥学生潜能，启迪学生心智，不断提高大学生的学习能力、实践能力和创新能力，全面推进素质教育，促进学生成长成才。

三　基本原则

1. 自主性原则：专业技能综合提升工程主要根据学生的实际情况及专业特点，以学生的自主定位和设计确定，注重培养个性，激发潜能，鼓励各类优秀人才脱颖而出。

2. 开放性原则：专业技能综合提升工程不受专业、年级、时间、空间的局限，可以开放设计，鼓励交流，提倡文化融合和价值共享。

3. 普遍性原则：专业技能综合提升工程适合全体全日制教育的本科生，注重全员参与性。

4. 示范性原则：在专业技能综合提升工程实施过程中，将引导学生更加科学合理地安排自己的素质拓展活动，注重发挥示范引领作用。

5. 服务性原则：统筹协调，全方位为学生的综合素质培养提供服务，使得学院的育人功能进一步落到实处。

四　培养内容

（一）古代的六艺

中国古代儒家要求学生掌握六种基本才能：礼、乐、射、御、书、数。"六艺"出自《周礼·保氏》："养国子以道，乃教之六艺：一曰五礼，二曰六乐，三曰五射，四曰五驭，五曰六书，六曰九数。"《张衡传》："遂通五经，贯六艺。"所谓"通五经，贯六艺"，是以一身而兼备文武才略之意。"六艺"指礼、乐、射、御、书、数六种学问和技能。"五经"指《诗》《书》《礼》《易》《春秋》五部经书。

礼艺："礼"的种类很多，不过大体上可分为五个大的方面，即吉（祭祀之礼）、凶（丧葬之礼）、军（军事活动中的礼仪）、嘉（冠婚之礼）、宾（宾客之礼）五科，是关于社交能力的学问。周礼本是西周以来关于政治、伦理、道德的总称；

乐艺：云门、咸池、大韶、大夏、大护、大武六科，是关于达情能力的学问；

射艺：白失、参连、剡注、襄尺、井仪五科，是关于知识能力的学问；

御艺：鸣和鸾、逐水曲、舞交衢、过君表、逐禽左五科，是关于主事能力的学问；

书艺：象形、会意、指事、转注、假借、谐声六科，是关于记述能力的学问；

数艺：方田、栗布、差分、少广、商功、均输、盈朒、方程、勾股九科，是关于数算能力的学问。

（二）"传媒六艺"

1. "传媒六艺"的内容

传媒学院（新闻学院）的本科生应具备礼、乐、摄、制、书、说六种技艺和能力。

礼：礼仪。不学"礼"无以立，传媒学院（新闻学院）

本科生必须具备良好的礼仪规范。

乐：音乐、舞蹈等。传媒学院（新闻学院）本科生应具有时代的乐感，律动的旋律。

摄：摄影、摄像。传媒学院（新闻学院）本科生都应具备较高摄影水平、摄像能力。

制：制作。传媒学院（新闻学院）本科生应具有媒介产品的专业策划制作能力。

书：书写表达。良好的文字表达能力是传媒学院（新闻学院）本科生的必备能力。

说：口头表达。除了擅长书写表达，传媒学院（新闻学院）本科生还应具备良好的口头表达能力。

通过一系列丰富多彩的培训活动和项目，展开"传媒六艺"提升行动。

五大品牌活动：

大学生电影（戏剧）节；

大学生"金话筒"主持人大赛；

"毓苑铎声"经典诗词朗诵会（演讲比赛）；

新闻及摄影大赛；

动画广告设计大赛。

2. "传媒六艺"的实施

"传媒六艺"之一：礼

活动主题：加强道德修养　养成文明行为

活动目标：

①养成高尚的社会主义道德品质和文明行为习惯。努力做到：诚实守信，言行一致；谦虚谨慎，朴素大方；乐于助人，团结协作；礼貌待人，尊敬师长；勤俭节约，自立自强；遵纪

守法，见义勇为；爱护公共财物，维护公共秩序；严格遵守校规校纪，抵制不良社会风气。

②具有健康高雅的审美情趣和正确的审美观点，努力培养辨别真、善、美与假、丑、恶的能力，自觉创造美的生活。

③具有良好的心理素质和自尊、自爱、自律、自强的优良品质，具有较强的心理调适能力。

项目设计：学礼知礼、主题调研、文明倡议、文明领航、网络平台

项目一：学礼知礼

活动内容：

（1）邀请专家举行主题报告会及礼仪培训班

（2）"我读经典"主题演讲比赛

读有关道德修养方面的儒家经典等著作的读后感演讲。

（3）"感恩父母，自立自强"签名写信活动

倡议给远方的父母写一封信并进行签名活动。

（4）征文活动

征集有关大学生道德修养的优秀文章，并评奖，优秀稿件向校院刊物推荐。

项目二：主题调研

活动内容：

（1）大学生中存在的常见不道德行为调查活动

（2）我为建设文明校园建言献策活动

主要以问卷调查的形式，对大学生中的不道德行为进行调查，发动同学们为建设文明校园提供宝贵意见，并形成调研报告。

项目三：文明倡议

活动内容：在文明交往、诚信考试、环境保护、垃圾分类、学术作弊、爱护公物、节约水电、低碳经济、宿舍文明等方面发起倡议。计划用一年时间，用便签、广告标语、宣传栏，向全校同学发出倡议，倡导他们为文明校园建设做出积极努力。

项目四：文明领航

活动内容：在马路靠右行走、校园文明驾车、自觉排队打饭、自觉回收餐具、上课关闭手机、自觉维护学习环境等方面现场引导，纠正不良行为。

"传媒六艺"之二：乐

活动主题：陶冶高尚情操　提高艺术境界

活动目标：感受音乐、理解音乐、表现音乐。通过各种活动，提高审美修养，丰富情感体验，陶冶高尚情操，掌握基本理论、知识、能力和素养，拓展传媒学院学生多方面的才艺。

项目设计：音乐欣赏、歌手大赛、歌舞晚会、配乐朗诵、社团培育

项目一：音乐欣赏

活动内容：聘请音乐方面的名人、名家开设讲座、举办演出，通过讲解、演奏和现场互动，让学生在轻松愉快的环境中了解音乐，同时产生共鸣，引起兴趣；让学生了解多元化的音乐，拓展视野，提高欣赏能力。通过广播等形式播放不同风格的音乐，并进行详细介绍，让学生可以深入了解作品，了解音乐风格。播放的音乐健康、广泛，具有代表性，让学生对各个时期的音乐作品有直观的认识。如中西方古典音乐、乡村音乐、流行音乐、爵士音乐和戏曲等。

项目二：歌手大赛

活动内容：以音乐畅享，唱响音乐为主题，举办校园歌手大赛。

项目三：歌舞晚会

活动内容：结合节庆，采取歌舞、器乐、小品、模特表演等形式，举办歌舞晚会。

项目四：配乐朗诵

活动内容：朗诵经典诗词、校友诗词、师生诗词。

项目五：社团培育

活动内容：组织有艺术特长的学生成立各类社团，委派有经验的指导教师，排演经典的中外优秀作品，带动更多的学生参与其中。

"传媒六艺"之三：摄

活动主题：捕捉精彩瞬间　再现生活百态

活动目标：通过实验实践，进行摄影、摄像方面的技能培训，学会并熟练运用摄制器材以及构图、画面、光线、景深、影调、色彩等表现手段，提高传媒学院学生在影像文化时代的创新发展能力。

项目设计：炫丽时代摄影展、丝绸之路摄制行

项目一：炫丽时代摄影展

活动内容：抓拍这个时代每一个鲜活、感人、幽默、富有青春朝气的瞬间并展出。

项目二：丝绸之路摄制行

活动内容：丝绸之路上，有着许多值得记忆和留存的文化史迹，金城兰州也有"黄河母亲"、中山桥、水车园等名胜古迹，名扬世界的牛肉拉面，形形色色的市井生活等等，用摄影摄像机拍摄它们并制作纪录片、微电影。

"传媒六艺"之四：制

活动主题：完美创意剪辑　追求技艺合璧

活动目标：能充分利用实际拍摄所得的素材，进行片子的后期制作、电视台编导工作、影视后期制作、电视剧剪辑制作、电影及短剧剪辑制作、晚会及新闻类节目剪辑制作等工作，形成完整的影片，并且为影片制作声音。

项目设计：甘肃省大学生电影节、动画广告设计大赛、广播剧大赛

项目一：甘肃省大学生电影节

活动内容：微电影创作评比、微电影放映周、影评征文、优秀影片巡映、大学生爱电影公益行动等。

项目二：广播剧大赛

活动内容：学生自己完成短小精悍的稿本创作，在专业演播室内完成录制工作并展播。

项目三：经典影视赏析片100部

活动内容：学院制定经典影视赏析片100部，组织学生欣赏并举办影视赏析沙龙，写影评。

项目四：动画广告设计大赛

活动内容：学生自愿以小组为单位，利用自己的专业特长，将生活中有趣、有所感、有所悟的点滴制作成动画短片。

"传媒六艺"之五：书

活动主题：涤荡心灵世界　激发创作灵感

活动目标：开展一系列写作训练活动，提高文字表达能力，特别是发现创作新人，扶掖年轻作家，促进精品创作。

项目设计：文艺创作100篇、"核桃树下"文艺创作大赛、好新闻、公文写作大赛

项目一：文艺创作 100 篇

活动内容：每个学生每学期创作文学、剧本、新闻、动画、影视（文学）评论等作品 10—15 篇，利用网络平台进行交流。

项目二："核桃树下"文艺创作大赛

活动内容：成立"核桃树下"文学社，创办《核桃树下》文学刊物，组织文艺创作大赛。

项目三：经典阅读 100 册

活动内容：学院制定经典阅读书目 100 册，组织学生阅读并举办读书会、读书沙龙，写书评。

项目四：好新闻

活动内容：组织好新闻征集评选活动。

项目五：公文写作大赛

活动内容：组织开展公文写作评选活动。

"传媒六艺"之六：说

活动主题：吟诵毓苑铎声　唱念随声所欲

活动目标：开展丰富多彩、形式多样的"说话"训练，让学生不仅能说一口标准流利的普通话而且表达清楚形象，提高理解能力、反应能力、应变能力、协调能力、驾驭能力。

项目设计：甘肃省大学生"金话筒"主持人大赛、"毓苑铎声"经典诗词朗诵会（甘肃省大学生朗诵节）、传媒学子舞台行、专题晚会

项目一：甘肃省大学生"金话筒"主持人大赛

活动内容：积极举办和组织参加校内外专业组与非专业组主持人大赛。

项目二："毓苑铎声"经典诗词文朗诵会（甘肃省大学生

朗诵节）

活动内容：举办经典诗词文朗诵会。

项目三：传媒学子舞台行

活动内容：为校内外各种演出、比赛及晚会活动提供节目主持。

项目四：专题晚会

活动内容：组织举办语言类专题节目晚会，如脱口秀、模仿秀、相声、小品等。

五　拓展培养

"双导师制"：聘请业界人士，双向培养研究生、本科生。

"文化名人校园行"：充分利用传媒业界资源，邀请知名业界人士如著名记者、电视策划人、作家等开展"文化名人校园行"活动，通过举办讲座、报告等形式扩大传媒学院本科生的专业视野，提升他们的专业能力与素质。

重返经典电视大讲堂：通过专家学者对经典书目进行深度讲解，调动学生阅读经典的兴趣，在与学生的交流互动中，掌握学生的思想动态，提高学生的个人修养和素质，传递经典书目的思想和精神。在重读经典的过程中，传承人类文化、构筑精神家园、创新教学模式、陶冶学子情怀、对话人生哲理。每一期的课程内容，通过电视节目的方式在省市的电视台播出，向更多的人传播经典，传播人文精神的正能量。

校企合作：与《读者》动漫公司、蓝特数码公司、中国移动公司、甘肃汉之韵文化传媒有限公司等优质媒体展开深度合作，通过项目运作的形式使学生的专业能力得到锻炼和提升。

"六艺之星"评选：通过项目实施，评选"六艺"之星，进行表彰，并制作宣传片。

实施《传媒学院本硕联动综合能力提升计划》：通过研究生导师、研究生、本科生三级联动，形成专业技能综合素质提升小组，不断提升活动层次。

传媒学院（新闻学院）

2015 年 10 月 12 日修订

"传媒六艺·三百计划"实施方案

（试行）

根据《西北师范大学第五期本科教学改革工程实施纲要》的总体部署，为了落实《传媒学院（新闻学院）"传媒六艺"大学生专业技能综合提升工程（2012—2016）》的具体要求，全面提高学生培养质量，在遵循"厚基础、宽口径、重实践、求创新、强素质"的教学理念基础上，传媒学院（新闻学院）决定实施"传媒六艺·三百计划"，即经典文本100本阅读计划、经典影片100部赏析计划和写作能力100篇训练计划。具体实施方案如下：

一　主要内容

1. 经典文本100本阅读计划，要求传媒学院（新闻学院）所有学生在校期间须按照指定书目阅读100部左右的古今中外经典著作。

2. 经典影片100部赏析计划，要求传媒学院（新闻学院）所有学生在校期间须按照指定名目观看100部左右的中外经典电影。

3. 写作能力100篇训练计划，要求传媒学院（新闻学院）

所有学生在校期间须按照一定规范独立撰写 100 篇左右的文学创作作品。

二　实施过程

（一）整体思路

按照教师和学生相联系、课内与课外相结合、随机与计划相配套、训练与竞赛相促进的整体思路，在《传媒学院本硕联动综合能力提升计划》的基础上，全院教师积极发挥引领作用，硕士研究生深度参与，本科各专业学生全员调动。

（二）实施途径

1. 走进课堂。将精读书目或重点赏析影片纳入"文学与文化"、"电影作品赏析"、"中外电影史"等相关课程，在课堂讲授中做详细分析和重点导视导读。

2. 成立小组。成立"读、看、写"各类兴趣小组，由研究生牵头，本科生参与，定期开展相关活动。

3. 开办沙龙。学院定期组织读书沙龙、影视赏析沙龙，聘请校内外专家学者以讲座形式解读或赏析经典。积极鼓励兴趣小组举办小型沙龙。

4. 党团活动。各学生党支部、班团支部，将"传媒六艺·三百计划"和党团主题日活动相结合，开展丰富多彩的主题活动。鼓励以班为单位组织开展集中读赏交流活动。

5. 专家导解。学院成立赏读导师组，将经典书目及电影分解到导师组，由导师组定期组织导视导读，引导学生赏析。同时，邀请校内外著名专家学者参与。

6. 鼓励创作。鼓励学生进行文学创作，写书评影评，创作剧本。学生每周（每学期计 15 周）至少写出一篇文章，评选好文章在学院《核桃树下》登载，推荐优秀作品在省内外报刊发表。在学院网站上每周推选优秀文章。

7. 编印文集。学院组织征集 100 部经典著作导读文章和 100 部经典电影赏析文章，结集出版，公开发行。

8. 评优竞赛。组织读书、看片、写文章竞赛活动，评选"读书先生"、"优秀影评人"或"文学新秀"。评选"传媒六艺"之星。

（三）保障措施

1. 学院成立由教学副院长、党委副书记、团委书记、学生辅导员、导师组成员组成的指导小组，具体负责"传媒六艺·三百计划"的实施与监督。学院团委、研究生分会、学生分会要安排专人负责此项工作。

2. 在导师组指导下，学院硕士研究生与本科生组成 5—10 人不等的课题小组，以课题组形式组织开展阅读赏析等活动。

3. 开放学院图书室和影视赏析实验室，加强图书复本建设和片库建设，建立班级阅读制度和定期播映制度，保证学生在一周内能够阅读一部书、观看一部电影。每周周末在学院 201 学术报告厅放映电影，学生可自由观看。其他时间由各专业班级确定放映并组织观看。

4. 班级须建立"传媒六艺·三百计划"工作日志，详细记录学生参与活动情况。

5. 学院针对"传媒六艺·三百计划"，设立专门奖项，定期举行各类竞赛活动。

（四）规范要求

1. 经典文本 100 本阅读计划。学院研究生、新闻学专业学生须全部精读，并撰写读书笔记。广播电视编导、播音与主持艺术、动画专业学生可精读其中 70 部左右，其余可泛读。阅读过程以读书笔记为据。

2. 经典影片 100 部赏析计划。学院研究生、广播电视编导专业学生须全部观看，并撰写观影笔记。其余专业学生可观看其中 70% 的影片。

3. 写作能力 100 篇训练计划。传媒学院（新闻学院）所有专业学生在毕业前均需撰写 100 篇左右的文字作品，体裁不限，内容不限，除诗歌外每篇字数不少于 800 字。

三　考核评估

"传媒六艺·三百计划"与学院《本科生素质拓展学分实施办法》《传媒学院（新闻学院）"传媒六艺"之书——写作能力提升计划实施办法》配套执行，顺利完成"传媒六艺·三百计划"者，可在"素质拓展与实践创新"模块获得 2 学分。否则，按照学分制管理办法予以重修，并取消相关评优、推免资格。由学院团委、研究生分会、学生分会具体负责实施并考评。

后　记

　　"传媒六艺"是西北师范大学传媒学院基于新的社会环境变化而提出的一种育人理念，旨在培养学生的素质、能力和情怀。围绕"传媒六艺"，我们在加强日常教学管理的同时，也策划实施了一系列活动，取得了一些成绩，形成了广泛影响。呈现在大家面前的，就是对近年来"传媒六艺"工作的一次阶段性总结。内容有整体谋划，有分项实施，既包括对学科专业的深思熟虑，也包括对个别课程的即时感悟，都是老师们的心血之作。

　　出版教学论文集的想法提出来后，得到了学校和学院领导的大力支持，老师们也积极响应。我清楚地明白，正是大家过去的倾力襄助，才会有今天的书墨芬芳。所以，我要衷心地感谢我的同事们，虽然统稿很辛苦，但与无私的他们相比，这点辛苦又算得了什么呢！我还要感谢中国社会科学出版社的刘艳女士，是她的宽容，最终使这本书得以面世。

　　时间仓促，学养不逮，如果书中有什么错讹，那都是负责统稿的主编的责任，与其他人无关。

杨　华

2016 年 12 月于西北师大